edition liberación

Jaap Tuk

Steine des Anstoßes

Ein Arbeiter entdeckt die Bibel

Mit einem Nachwort
von Rolf Bauerdick

edition liberación

Münster 1986

Aus dem Holländischen übersetzt von Franz Marcus

Typographie: Udo Böwer
Umschlagentwurf: Michael Jauczius
Titelillustration: Rolf Tiemann
Satz: KPS, Münster
Druck: Fuldaer Verlagsanstalt, Fulda

Alle Rechte der deutschen Ausgabe vorbehalten
© edition liberación, Münster 1986
Hafenweg 26b · Postfach 1744
D-4400 Münster
ISBN 3-923792-24-7

CIP-Kurztitelaufnahme der Deutschen Bibliothek
Tuk, Jaap:
Steine des Anstoßes: e. Arbeiter entdeckt die Bibel /
Jaap Tuk. Mit e. Nachw. von Rolf Bauerdick.
In e. Übers. von Franz Marcus. —
Münster: Edition Liberación, 1986
ISBN 3-923792-24-7

Inhaltsverzeichnis

Vorwort des Übersetzers 7

KAPITEL I 11
»Da kommt ein Mensch auf dich zu...«

KAPITEL II 15
»Von der Wiege bis zur Bahre —
Gesetze regeln alles«

KAPITEL III 19
»Wenn das Gesetz
nach dem Buchstaben ausgelegt wird...«

KAPITEL IV 23
»Wir dürfen unsere Angst
nicht so groß werden lassen«

KAPITEL V 29
»Wer unbequem ist,
den schließen wir aus«

KAPITEL VI 33
»Wo es keine Gemeinschaft gibt,
passiert nichts,
worüber man sich wundern könnte«

KAPITEL VII 37
»Die innere Unreinheit
tötet das Leben der Menschen«

KAPITEL VIII 41
»Widerstand bedeutet für die Kirchen
immer noch eine Missetat«

KAPITEL IX 45
**»Für den Gott Macht und Geld
gehen die Menschen durchs Feuer«**

KAPITEL X 51
**»Es geht nicht um Almosen,
sondern um Gerechtigkeit«**

KAPITEL XI 55
**»Alles muß gekauft,
alles muß bezahlt werden«**

KAPITEL XII 61
**»Die einen geben ihr Leben für die Armen,
die anderen verhalten sich neutral«**

KAPITEL XIII 67
»Schlafen wir selbst nicht ein?«

KAPITEL XIV 73
**»Wenn einer an den
Säulen der Macht rüttelt...«**

KAPITEL XV 79
**»Wir wissen alles genau
und bleiben doch lieber blind«**

KAPITEL XVI 85
**»Derjenige lebt,
der die Steine aus dem Weg rollt«**

**Religion — nur »das Gemüt
einer herzlosen Welt?«**
Nachwort von Rolf Bauerdick   93

Vorwort des Übersetzers

Daß ein Arbeiter die Bibel liest und sich auch Gedanken dazu macht, das dürfte gottlob nichts Außergewöhnliches sein. Daß aber ein Arbeiter seine Gedanken zur Bibel aufschreibt, sie an seine Mitarbeiter im Betrieb weiterreicht und so religiöse Diskussionen unter Leuten auslöst, die von Kirche und Religion schon lange nichts mehr wissen wollten, das ist schon außergewöhnlich − und faszinierend.

Der Arbeiter, von dem hier die Rede ist, heißt *Jaap Tuk* und wohnt in Rotterdam. Er wurde 1921 als fünftes von neun Kindern in einer tiefgläubigen Arbeiterfamilie geboren, wuchs in Katendracht, einem als asozial verschrieenen Hafenviertel Rotterdams auf, heiratete 1942 und ist heute Vater von zehn Kindern. Jaap Tuk war zunächst Hafenarbeiter, später Matrose, dann Heizer auf einem Rheindampfer. Nach dem Krieg arbeitete er in verschiedenen Betrieben in Rotterdam. Heute ist er Rentner und engagiert sich äußerst aktiv in der kirchlichen Arbeiterpastoral in den Niederlanden.

Jaap Tuks »Gedanken zum Markus-Evangelium« waren ursprünglich auch einem Anstoß der Arbeiterseelsorger in seinem Betrieb zu verdanken:

»Anfangs war es nur ein Experiment«, erzählt Jaap, »ich wollte − mit der Unterstützung der Verantwortlichen der Betriebsseelsorge − eine Gruppe anfangen, in der sich Leute mit unterschiedlichen Lebenseinstellungen treffen sollten: Christen und Marxisten. Wir waren sicher, daß wir einer vom anderen lernen konnten. Wir fingen mit einer kleinen Gruppe an, so sechs Personen. Wir trafen uns einmal im Monat, sonntags morgens um zehn Uhr − Reformierte, Katholiken und

Sozialisten. Wir fingen um viertel vor Zehn mit einem kurzen Wortgottesdienst an, an dem anfangs nur die Christen, später aber auch die Nicht-Christen teilnahmen. Nach dem Gottesdienst vertieften wir uns dann in unser Thema. Später fing ich an, kleine Texte, so was wie Meditationen, für die Gruppe zu schreiben, wobei ich versuchen mußte, die Bibel mit unseren gesellschaftlichen Problemen zu verbinden. So erwartete es die Gruppe von mir. Später machten die Texte im ganzen Betrieb die Runde. Sie waren sehr gefragt. Auch heute teilen wir noch in einigen anderen Betrieben solche Texte aus, etwa fünf bis sechs Mal im Jahr ungefähr dreihundert Exemplare.

Heute kann man nicht mehr sagen, es handle sich um ein Experiment. Es ist mehr. Man könnte sagen: Es ist ein Weg. Die Gruppe trifft sich immer noch, auch wenn einige ausgestiegen und andere hinzugekommen sind.

Mit Markus habe ich mich dreieinhalb Jahre lang beschäftigt. Er machte mir Spaß. Und — wie das so ist — ich wollte etwas für meine Kinder zurücklassen, und so klebte ich die Texte in ein Heft. So würden die Kinder später mal sagen können: So dachte unser Alter damals! Dann fragte mich Joop Zwart vom DISK (kirchliche Zentralstelle für Betriebsseelsorge), ob er die Texte veröffentlichen dürfe. Das kommt einem dann so vor, als ob einer dir auf die Schulter klopft, wie eine Anerkennung. Anscheinend haben die Texte eine gewisse Ausstrahlung. Sie werden in verschiedenen Bereichen benutzt. Es gibt Pfarrer hier in Rotterdam, die sie in Predigten und Meditationen zitieren, andere benutzen sie zu ihrer persönlichen Meditation.«

Hier hat also ein Mensch die Bibel, den Glauben und in gewisser Weise auch die Kirche entdeckt, der von der Kirche eigentlich schon früh enttäuscht worden war. Als gläubiger Katholik und linker Gewerkschaftler litt er vor allem unter der Abwesenheit der Kirche in den Arbeiterkämpfen kurz nach dem Zweiten Weltkrieg.

Ein linker militanter Gewerkschaftler als Autor eines Buches über die Bibel: der scheinbare Widerspruch fasziniert, stempelt den Schreiber aber gleichzeitig zum Außenseiter ab. Jaap war ein Außenseiter im Betrieb, und er bleibt leider auch ein Außenseiter in der Kirche. »Die unten verstehen dich nicht«, klagt er, »die halten dich bloß für verrückt, für einen Idealisten. Und die oben verstehen dich schon sehr gut, aber du bist ihnen unbequem, für die bist du einfach ein Kommunist.«

Das heißt, daß Jaap Tuk auch eine Herausforderung ist: für den Betrieb, für die Kirche, für den Arbeitgeber, für die Arbeitnehmer, für die Gläubigen, für die kirchliche Hierarchie. Als Teilnehmer am zweiten Europäischen Kolloquium für eine Pastoral in der Arbeitswelt umschreibt Jaap diese Herausforderung so: »Auch wenn die Autorität bei den Bischöfen liegt, so darf man doch nicht vergessen, daß wir Arbeiter uns an Orten befinden, an denen der Priester nichts mehr bedeutet, sogar an Orten, an denen er nicht mehr zugelassen wird. ... Wenn wir an diesen Orten Zeugnis des Evangeliums ablegen wollen, darf nicht übersehen werden, daß wir uns dort unter christlichen und nichtchristlichen Kollegen befinden. Diesen Kollegen muß die Möglichkeit gegeben werden, einzusehen, daß das Evangelium mit den heutigen Realitäten in Verbindung gebracht werden muß und daß dieses Evangelium genauso wahr, echt und fortschrittlich bleibt wie das Evangelium vor 2000 Jahren.«

Die Veröffentlichung dieser Texte zum Markus-Evangelium soll zum Nachdenken, zu Gesprächen und Diskussionen anregen und die Gläubigen in unserer Kirche auffordern, sich nicht zu klein und ungelehrt vorzukommen, um die Bibel in die Hand zu nehmen und sich selbst Gedanken dazu zu machen, kurz, die Bibel — so wie Jaap Tuk und seine Kollegen es tun — ins tägliche Leben hineinzunehmen. Denn nur so erfüllt sie ihren Zweck.

In Abwandlung eines bekannten Spruchs möchten wir sagen: »Die Bibel ist eine viel zu ernste Sache, als daß man sie den Theologen allein überlassen könnte!«
Franz Marcus, Luxembourg, im September 1986

KAPITEL I

»Da kommt ein Mensch auf dich zu...«

In aller Frühe, als es noch dunkel war, stand Jesus auf und ging an einen einsamen Ort, um zu beten.

Simon und seine Begleiter eilten ihm nach, und als sie ihn fanden, sagten sie zu ihm: »Alle suchen dich.«

Er antwortete: »Laßt uns anderswohin gehen, in die benachbarten Dörfer, damit ich auch dort predige; denn dazu bin ich gekommen.«

(Markus 1,35−38)

Wenn man das 1. Kapitel des Markus-Evangeliums liest, fragt man sich: Ist es Menschen unserer heutigen Zeit überhaupt verständlich zu machen? — Es ist zwar schwierig, aber ich sage trotzdem: Ja!

Markus fängt seine Geschichte mit der Darstellung zweier Männer an: Der eine ist Johannes, den man den Täufer nennt, der andere ist Jesus, der Sohn Gottes. Der erste fängt an, eine frohe Botschaft zu verkündigen. Er nennt sich einen vorausgesandten Boten eines anderen, der noch kommen soll und der ihm geistig haushoch überlegen ist. Er fängt seine Arbeit in einer geistig festgefahrenen Gesellschaft an, in der die Freiheit und die Würde des Menschen dadurch ins Gedränge geraten, daß sie mit Hilfe des Gesetzes unterdrückt werden, und zwar im Namen Gottes.

Es ist eine Zeit, in der Machtgelüste, Ausbeutung und Korruption auf der Seite der kirchlichen und weltlichen Obrigkeiten gepflegt und gefeiert werden — auf Kosten der Schwachen in der Gesellschaft.

Durch die vielen Gesetze und Erniedrigungen sieht das Volk Gott nicht mehr; und in seiner ohnmächtigen Unwissenheit schiebt es Gott die Schuld an allem zu. Dieser Johannes hat das miterlebt und erfahren. Er will etwas dagegen tun. Er fängt an, die Menschen zu versammeln, redet mit ihnen über ihre Situation und fordert sie auf, sich auf den Sinn des Lebens zu besinnen, um so durch gemeinsame Gespräche zu einer neuen Lebensweise zu gelangen. Als äußeres Zeichen ihres neuen Bündnisses tauft er sie mit Wasser im Jordan. Er versichert ihnen immer wieder, daß nach ihm der Mann kommen wird, der stärker ist als er selbst. Dieser wird ihnen Kraft und Weisheit geben und ihnen den Weg zeigen, der zur Erlösung führt, weil er nämlich mit einem heilbringenden Geist taufen wird.

Hier führt Markus den zweiten Mann, Jesus, in

seine Geschichte ein. Unauffällig steht dieser Jesus zwischen den Menschen, die auf Johannes hören oder sich von ihm taufen lassen. Auch er steigt ins Wasser und läßt sich taufen.

Dann, während er aus dem Wasser steigt, fühlt er den »Geist« über sich kommen, und in einer Vision hört er seinen Vater sagen: »Du bist mein Sohn, den ich liebe; was du tun wirst, ist gut, du hast meinen Segen dazu.« Jesus wird sich seiner Berufung bewußt, er überwindet seine Angst und zieht die Konsequenzen.

Vierzig Tage lang sondert sich Jesus in die Einsamkeit ab. Hier wird er von allen möglichen gemeinen Gedanken befallen, die ihn wie wilde Tiere auseinanderreißen wollen und seine Berufung zum Scheitern bringen wollen. Glücklicherweise aber sind die guten Seiten in ihm stärker. Geläutert und genau wissend, was er will, fängt er seine schwierige Arbeit an, geknechtete und enttäuschte Menschen zu erlösen.

Markus erzählt dann, daß Jesus predigt und eine Lehre verkündigt, die manch einen verblüfft. Er strahlt Autorität aus, denn er spricht aus Überzeugung. Er vollbringt Wunder, an die man glauben kann oder nicht. Einige Krankheiten, die er heilte, können unsere Mediziner heute auch heilen. Er treibt böse Geister aus und erlöst Versklavte oder Besessene von ihrer Qual.

Man kann diese Wunder verharmlosen oder als orientalische Bildersprache abtun, aber man sieht doch immer wieder im Laufe der 2000 Jahre, die hinter uns liegen, daß Menschen aufstehen und in der Nachfolge Jesu diese Wunder wiederholen, indem sie den Kranken, Ausgestoßenen und Ausgebeuteten wieder Hoffnung geben. Auch heute riskieren manche Leute viel, um Besessene − lies: Versklavte − von ihrer Qual zu befreien. Auch heute wiederholt sich der schlichte Anfang von damals in Fabriken, in Transportbetrieben...

Da kommt ein Mensch auf dich zu und lädt dich ein, dich mit ihm auf die Situation zu besinnen und miteinander ins Gespräch zu kommen. Dann verblüfft einen wieder einmal, zu was man fähig ist, wenn man nur den Willen hat. Auch heute faßt jemand die verdorrte Hand des Arbeitslosen, des Rentners, des Unreinen und des Profitgeiers unserer Zeit an und heilt sie von der schrecklichen Plage, die Minderwertigkeitskomplex heißt. Man kann das auf viele andere Situationen übertragen. Eins aber bleibt immer gleich: All diese Menschen, die sich für Recht und Gerechtigkeit einsetzen, haben gelitten und gestritten, gestritten vor allem mit sich selbst, weil das Ergebnis nie sehr ermutigend ist.

KAPITEL II

»Von der Wiege bis zur Bahre – Gesetze regeln alles«

Als die Schriftgelehrten, die zur Partei der Pharisäer gehörten, sahen, daß Jesus mit Zöllnern und Sündern aß, sagten sie zu seinen Jüngern: »Wie kann er zusammen mit Zöllnern und Sündern essen?«

Jesus hörte es und sagte zu ihnen: »Nicht die Gesunden brauchen den Arzt, sondern die Kranken. Ich bin gekommen, um die Sünder zu rufen, nicht die Gerechten.«

(Markus 2,16f)

Es ist typisch, daß Markus am Anfang seiner Geschichte auf etwas hinweist, was auch für uns Menschen von heute von besonderer Bedeutung ist: nämlich das Wissen darum, daß ER zu Hause ist; und Scharen kommen zu ihm.

Das scheint in einer Gesellschaft, in der von der Wiege bis zur Bahre alles von oben herab geregelt ist, etwas ganz Besonderes zu sein (siehe das Mosaische Gesetz). Warum? – Um sich in dieser Frage Klarheit zu verschaffen, muß man die Bücher des Alten Testamentes lesen, zum Beispiel Exodus. Dort sieht man beispielsweise, daß Mose die Gesetze *mit* seinem Volk und *dank* seinem Volk macht, indem er nämlich mit seinem Volk zieht, also unter dem Volk lebt. Er weiß genau, was dem Volk fehlt, da er alles mit ihm miterlebt. Letztendlich zeigt er auf, wie die Probleme zu beheben sind.

Später, nach der Gründung des Staates, werden diese ungeschriebenen Gesetze festgelegt, erweitert und angepaßt. Das geschieht durch Sachverständige aus dem kirchlichen wie aus dem weltlichen Bereich. Das Volk weiß sehr wohl, daß die Gesetze existieren, aber es kennt den Inhalt nicht. Die Folge ist, daß die Gesetze, die ursprünglich gut waren, jetzt verkehrt funktionieren: Sie lähmen, statt zu beleben. Das Volk wird apathisch. Die große Qual der Einsamkeit macht sich breit.

Der Beamte, sei es nun der Rabbi oder der Schriftgelehrte, an den man sich in seiner Not wendet, erklärt nur das Gesetz. So schickt er nicht einen Menschen nach Hause, sondern einen Lahmen. Die Sachverständigen sind entweder raffiniert oder aber lediglich Fachidioten.

In einer solchen Gesellschaft hört die Menge plötzlich, daß irgendwo doch jemand zu Hause ist und tatsächlich Zeit für sie hat, ihnen zuhören will, ja, sogar etwas mit ihnen zusammen machen will. Es gibt jemanden, der ihnen Hoffnung macht.

Was tun sie also? – Nun, sie bringen die vollständig gelähmten Opfer der Gesellschaft zu ihm. Und zur großen Empörung der »Sachverständigen« sagt er einfach folgendes zu ihnen: Leute, ich vergebe euch euer häufiges Kranksein, eure Übertretung des Arbeitslosengesetzes oder welches Gesetzes auch immer; ich kenne eure Produktionssysteme, die Paragraphen der Gesetze, die euch zwingen, während gewissen Stunden des Tages untätig zu sein, während euer Alter ein unwiderrufliches Urteil über euch ausgesprochen hat.

Auch heutzutage hört man die Sachverständigen rufen (sie tun es, man braucht nur die Zeitung zu lesen!): Habt ihr das gehört? Er lästert Gott; er untergräbt die staatliche Autorität; er rechtfertigt die Profitsucht! Sie hören überhaupt nicht, daß Jesus vergibt, wo es doch allein auf die Vergebung ankommt, wenn von Schuld die Rede ist. Er vergibt, weil er auch die anderen Profitgeier sieht, die von der Not anderer profitieren, indem sie mit dem Geldbeutel in der Hand zu einem Arbeitslosen oder zu einem Unfallrentenbezieher gehen und sagen, sie hätten einen Gelegenheitsjob für sie. Oder er sieht den, der alten Leuten einen Teilzeitjob anbietet, dem einen für morgens, dem anderen für nachmittags, um sich als Schmarotzer ihre Einsamkeit zunutze zu machen.

Um die Not zu lindern und aus der Welt zu schaffen, arbeitet dieser Mann auch sonntags, denn der Sonntag ist für den Menschen da und nicht umgekehrt.

Später kehren viele von seinen Jüngern ihm den Rücken, weil sie ursprünglich dachten, er würde kurzerhand alles wieder in Ordnung bringen, während sie zu Hause sitzen. Wieder andere wenden sich aus

Verzweiflung von ihm ab, in der Meinung, sie könnten auf den alten Fundamenten Neues aufbauen. Dadurch wird aber alles, was sie erreichen, wieder zunichte gemacht, da alt und neu sich nicht auf einem einzigen Fundament zusammenfügen lassen. Echte Erneuerung erfordert die Zusammenarbeit aller Menschen guten Willens durch ihren Einsatz, ihren Dialog, ihr Zusammenhalten.

Um in heutigen Begriffen zu sprechen, sollen sie die tobenden Ströme und Wellen dadurch zügeln, daß sie einen Staudamm bauen, der fähig ist, die Energie aufzubringen, die in dem betreffenden Augenblick erforderlich ist.

Zusammenarbeit und Zusammenhalten sind deshalb eine erste Forderung. Dann merken sie, daß sie zu Hause sind.

KAPITEL III

»Wenn das Gesetz nach dem Buchstaben ausgelegt wird...«

Da sagte Jesus zu dem Mann mit der verdorrten Hand: »Steh auf und stell dich in die Mitte!«

Und zu den anderen sagte er: »Was ist am Sabbat erlaubt: Gutes zu tun oder Böses, ein Leben zu retten oder es zu vernichten?«

Sie aber schwiegen. Und er sah sie der Reihe nach an, voll Zorn und Trauer über ihr verstocktes Herz, und sagte zu dem Mann: »Streck deine Hand aus!«

Er streckte sie aus, und seine Hand war wieder gesund.

(Markus 3,3−5)

Das 3. Kapitel fängt mit einem Wunderbericht an: der Heilung des Mannes mit einer verdorrten Hand. Das Wunder findet am Sabbat statt, an dem Tag, der nach dem jüdischen Gesetz für Ruhe und Besinnung genutzt werden muß, in der Synagoge, einem Ort, der dem Volk heilig ist. Dort sind natürlich auch jene anwesend, die aufgrund ihres Amtes bzw. ihrer Funktion verpflichtet sind, das Volk zu unterrichten: nämlich die Gesetzeslehrer und die Schriftgelehrten.

Schon beim Lesen hat man das Gefühl, daß dieser Ort absichtlich ausgewählt wurde, um Jesus in eine Falle zu locken. Jesus durchschaut dieses Spiel. Er weiß, daß die Schriftgelehrten das Gesetz auf ihrer Seite haben, wenn es nach dem *Buchstaben* ausgelegt wird. Darum stellt er ihnen eine Frage, die deutlich den *Geist* des Gesetzes in den Vordergrund rückt: »Ist es am Sabbat eher erlaubt, Gutes zu tun als Böses, jemanden zu retten, als ihn zu töten?«

Jesus vervollkommnet das Gesetz, indem er klar herausstellt, daß ein Gesetz nur das eine Ziel hat: den Schutz des Mitmenschen, aber auch den Schutz seiner selbst. Zornig, aber auch traurig über ihre Herzenshärte sieht er den Kreis der Leute an und stellt fest, daß sie ihm jegliche Antwort verweigern. Der Grund ist klar.

Dann erst sagt er zum Kranken: »Streck deine Hand aus« und heilt ihn. Gedemütigt nehmen sich die Gegner Jesus jetzt vor, einen bezahlten Mörder anzuheuern, denn Jesus wird ihnen zu gefährlich. Sie nutzen dazu ihre zweifelhaften Beziehungen zu Gruppen im Volk, mit denen sie sich in der Öffentlichkeit nicht zeigen würden. Sie können ja schwerlich selbst dieses eine Gesetz übertreten, das heißt: »Du sollst nicht töten!«

Die Nachricht von einem solchen Ereignis verbreitet

sich wie ein Lauffeuer. Und neugierig wie die Leute sind, kommen sie aus allen Richtungen herbeigelaufen, um ihn zu sehen und zu hören. Dadurch merkt Jesus, daß die Aufgabe für ihn allein zu groß geworden ist, und er beruft zwölf Leute, die — wie er — predigen und böse Geister austreiben sollen. Und selbst unter diesen zwölf gibt es einen, der sein Amt zu anderen Zwecken mißbraucht.

Der Kern dieser Geschichte ist auch nach 2000 Jahren für unsere Zeit aktuell. Das trifft auch auf den folgenden Teil zu, in dem Jesus durch verschiedene Umstände gezwungen wird, sich selbst zu verteidigen. Es kann auch uns passieren, daß unsere Verwandten uns angesichts unseres uneigennützigen Engagements für verrückt erklären, weil wir unsere Talente nicht kommerziell nutzen. Oder weil wir mit Leuten zusammenarbeiten, die ungläubig sind; mit Glaubensgenossen, die behaupten, der Teufel stecke in uns, oder die davon ausgehen, daß unsere christliche Botschaft gerade nicht für Ungläubige bestimmt sei.

Eine Botschaft aber, die auf einem schlechten Fundament gründet, reißt sich selbst die Maske vom Gesicht. Das Böse kann nur gegen das Gute kämpfen, sonst kämpft es gegen sich selbst und schwächt sich. Wenn Kirchen glauben, eine Botschaft für alle Menschen zu haben, andererseits aber die in der Geschichte begangenen Fehler nicht zuzugeben vermögen, dann betreiben sie ihre eigene Spaltung und behalten die Botschaft nur für sich, geben sie aber nicht an die Menschheit weiter. Wie Jesus müssen auch wir uns immer wieder fragen: Wer sind meine Mutter und mein Bruder? Dann müssen wir auf die Frau und auf den Mann zeigen, die sich für ihre Mitmenschen einsetzen, auf die Leute, die wie wir Sünder und keine Heiligen sind.

Will man mit Hilfe der Botschaft die Gesellschaft verändern, dann kann man das nicht allein tun, sondern nur gemeinsam mit anderen, die auch das Gute wollen. So gesehen ist es einfältig, bei Mißerfolgen oder Rückschlägen gleich den Zeigefinger gegen Kirchen, Pastoren, Politiker, Unternehmer oder Arbeiter zu erheben.

Eine triftige Frage für alle — innerhalb wie außerhalb der Kirche, der Gesellschaft und in Betrieben — bleibt diese: Haben wir versucht, als Clique das Gute zu verwirklichen, aber dadurch keine Botschaft verkündet, oder haben wir versucht, dadurch eine Botschaft zu verkünden, daß wir gerade gemeinsam das Gute von anderen, wer sie auch immer sein mögen, miteinzubeziehen, und haben wir dadurch verhindern können, daß wir oder sie in die Isolierung gerieten? — Wenn nicht, dann haben auch wir nur einen verdorrten Geist.

KAPITEL IV

»Wir dürfen unsere Angst nicht so groß werden lassen«

Plötzlich erhob sich ein heftiger Wirbelsturm, und die Wellen schlugen in das Boot, in dem Jesus saß.

Sie weckten ihn und riefen: »Meister, kümmert es dich nicht, daß wir zugrunde gehen?«

Da stand er auf, drohte dem Wind und sagte zu dem See: »Schweig, sei still!« Und der Wind legte sich, und es trat völlige Stille ein.

Er sagte zu ihnen: »Warum habt ihr solche Angst? Habt ihr noch keinen Glauben?«

(Markus 4,37−40)

Dieses Kapitel ist ganz den Gleichnissen gewidmet, die sich auf den Glauben und die Ungläubigkeit der Zeitgenossen Jesu beziehen und heute noch ganz aktuell sind. Es ist nicht notwendig, sie hier nachzuerzählen.

Als die Jünger und die kleine Gefolgschaft, die Jesus an die andere Seite des Sees begleitet hat, später nach einer Erklärung der Gleichnisse fragen, sagt er ihnen dies: Auch wenn ihr den Glauben noch nicht habt, so werdet ihr doch dadurch, daß ihr mir nachfolgt, fähig werden, Schwierigkeiten und Konflikte zu überwinden. Dank eurer Anstrengung, der Wahrheit auf die Spur zu kommen, werdet ihr später wirklich hören, sehen und verstehen. Durch euer Suchen nach der Wahrheit werdet ihr den Glauben finden.

Darauf fängt Jesus an, das Gleichnis vom Sämann auszulegen: Ein Mann versucht, anderen Leuten seine Überzeugung mitzuteilen. Verschiedene Gruppen von Leuten hören seine Worte.

– Die ersten sind sehr begeistert; als aber Freunde, Verwandte und Bekannte sie auf die Folgen hinweisen, geben sie es wieder auf und kehren zum alten Lebensstil zurück.

– Auch die zweite Gruppe nimmt das Zeugnis mit Begeisterung auf. Als jedoch klar wird, daß die Leute wegen dieser Überzeugung im Beruf nicht weiterkommen können, keine Karriere machen, ihre Privilegien verlieren oder von ihren Freunden links liegengelassen werden, lassen sie das, was sie zunächst mit soviel Ernst aufgenommen hatten, doch wieder fallen. Die Angst, ihr Gesicht zu verlieren, ist stärker als ihre Überzeugung.

– Die dritte Gruppe bilden diejenigen, die das Wort auch gehört haben und sogar schon ein bißchen angefangen haben, es zu leben. Sie lassen dann

doch wieder davon ab, weil ihre Neigung zu Reichtum, Status und Ansehen stärker ist. Durch ihren Egoismus sind sie wie versteinert.
— Die vierte Gruppe sind Leute, die jedem Widerstand zum Trotz alles versuchen, um die Bedeutung des Wortes herauszufinden. Sie haben sich in Gruppen und Gemeinschaften zusammengeschlossen, zu denen Frauen und Männer, junge und alte Menschen gehören.

Durch die ganze Geschichte hindurch und auch heute noch setzen sich solche Leute für Recht und Gerechtigkeit ein. Auch wenn sie nicht zahlreich sind, so beeinflussen sie doch die Kirchen, die Politik, die Gewerkschaften, die Gesellschaft, ohne daß sie selbst auch nur im geringsten zu höherem Ansehen in der Gesellschaft kommen würden.

Über das zweite Gleichnis können wir uns kurz fassen. Eigentlich wird hier gesagt: Wenn man einmal zu einer Glaubensüberzeugung gelangt ist, dann stellt dieser Glaube kein Privateigentum dar, für das man Gott sonntags während einer oder zwei Stunden Dank sagt, sondern eine Überzeugung, die man durch seine Lebensweise in die Tat umsetzen muß: in der Familie, im Betrieb, in der Gesellschaft, und zwar die ganze Woche über. Man muß den Willen und den Mut aufbringen, dies in Zusammenarbeit mit anderen zu tun, die zwar eine andere Überzeugung vertreten, denen aber auch das Gute vorschwebt.

Das Gleichnis vom Wachsen der Saat trifft besonders gut auf unsere Zeit zu. Heutzutage glaubt man, durch wissenschaftliche Umfragen alles berechnen zu können, obschon doch immer wieder deutlich wird, daß vieles nicht stimmt. Wir werden nie wissen, wie unser Einsatz, unser Handeln für eine bessere Welt bei denjenigen ankommt, für die wir uns einsetzen. Hier handelt der Heilige Geist – und der ist unsichtbar. In den letzten Monaten haben wir doch gemerkt, daß unsere Arbeit und unser Engagement nicht völlig umsonst sind; das ist ein Trost.

Damit sind wir bei der Parabel vom Senfkorn, dem winzigen Senfkörnchen, das, nachdem es in die Erde gesteckt wurde, zu einem gewaltigen Baum heranwächst. So geht es mit allem, was einmal angefangen ist. Die Kirche hat so angefangen, Parteien, mächtige Organisationen ... Man sucht Menschen auf, sammelt sie um sich, redet mit ihnen. Dadurch entwickeln sie sich zu Bäumen.

So war es auch bei uns. Vor fünf Jahren haben wir angefangen, und trotz Entmutigungen und Enttäuschungen – vor allem in den ersten Jahren – sind wir doch zu einem zwar winzigen, aber doch deutlich wahrnehmbaren Pflänzlein über der Erde geworden.

Wir wollen nicht eitel sein, aber wir sind froh, daß Wissenschaftler und Theologen sich für unsere Arbeit interessieren. Im Betrieb wissen alle, daß wir da sind, auch wenn uns einige für Spinner halten. Es gibt viele, die uns ernst nehmen. Auch in anderen Betrieben gibt es Leute, die mit uns zusammenarbeiten. Außerdem kommt regelmäßig ein Student zu uns. Und das alles nach fünf Jahren ...

Das fünfte Gleichnis bildet einen schönen Abschluß, auch für uns. Jeder, der aus Überzeugung handelt, muß wissen, daß etwas auf ihn zukommt. Als Gruppe werden wir die Überzeugung, die wir anderen weiterreichen möchten, stets stärken müssen. Wir werden uns immer wieder besinnen und uns gegenseitig inspirieren müssen. Vielleicht kommt es auch schon einmal vor, daß wir einschlummern und einen heranbrausenden Sturm nicht rechtzeitig bemerken. Dann dürfen wir unsere Angst nicht so groß werden lassen, daß dadurch unser Glaube und unsere Ideale verlorengehen. Lassen wir uns weiterhin gegenseitig festhalten, damit wir nach dem Sturm wieder aufrecht stehen.

KAPITEL V

»Wer unbequem ist, den schließen wir aus«

Als Jesus aus dem Boot stieg, lief ihm ein Mann entgegen, der von einem unreinen Geist besessen war. Man konnte ihn nicht bändigen, nicht einmal mit Fesseln. Schon oft hatte man ihn an Händen und Füßen gefesselt, aber er hatte die Ketten gesprengt und die Fesseln zerrissen; niemand konnte ihn bezwingen.

(Markus 5,2−4)

Dies ist ein schwieriges Kapitel, bei dem man auf nähere Informationen angewiesen ist. Ich traf bei seiner Auslegung auf drei Punkte, die mir das Verständnis erleichterten:
— Zunächst einmal waren die Menschen, um die es in diesem Kapitel geht, Ausgestoßene. Ihr eigenartiges Verhalten wurde als Krankheit angesehen, und Krankheit galt als Strafe Gottes.
— Es war verdächtig und gotteslästerlich, sich als braver Bürger auf solche Leute einzulassen.
— Und schließlich: Jesus heilte diese Menschen nicht körperlich, sondern geistig.

Diese drei Erklärungen haben mir sehr gut weitergeholfen.

Da Jesus diese Menschen fernab von jenen Orten traf, an denen sich normalerweise das Gesellschaftsleben abspielt, ist es möglich, daß es sich um Leute handelte, die im Widerstand gegen die römische Besatzung und die kollaborierende jüdische Gesellschaft lebten. Es können also Menschen gewesen sein, die durch Gefangenschaft, Folter und Isolation in Konzentrationslagern so angeschlagen waren, daß ihre Freunde und Bekannten sie nur noch als Last empfanden und sie fallen ließen, weil sie sich mit ihren psychischen Leiden keinen Rat mehr wußten. Jesus sah das und konnte ihre Qualen nachempfinden. Er redete mit ihnen und suchte mit ihnen nach einem Ausweg, und zwar mit Erfolg. Aber unter den Ausgestoßenen und ihren Familien gab es auch Leute, die wegen der Last, die sie ertragen mußten, Hand an sich legten oder vor Scham in den Fluß sprangen.

So gesehen ist dies auch heute für uns eine bekannte Geschichte. Sie erschreckt uns schon nicht mehr, denn ihre Opfer gibt es auf der ganzen Welt, in Ost und West, Süd und Nord. Aber auch heute gibt es Leute, die — wie Jesus früher — versuchen, die Opfer von ihren Qualen zu befreien. Man braucht nur zu sehen, was in Oegstgeest geschieht, wo der Psychiater Bastiaanse eine Klinik eröffnet hat, um Patienten mit solchen psychischen Leiden zu heilen. Zum Glück sind das Menschen, die nicht zu einer spezifischen Gruppe gehören, sondern aus verschiedenen Schichten kommen, verschiedene Funktionen wahrnehmen, verschiedenen Glaubens- und politischen Richtungen anhängen.

Dieses Kapitel aus dem Markus-Evangelium beschreibt wohl eine extreme Form geistiger Gewalt. Aber wieviel geistige Gewalt üben wir Menschen in einfacherer Form aufeinander aus — im Wohnviertel, in Organisationen, im Betrieb?

Schließen wir niemanden aus oder isolieren ihn, weil er den Auswüchsen in der Gesellschaft Widerstand leistet und uns unbequeme Fragen stellt? Isolieren, kränken wir nicht Menschen und mißtrauen ihnen, wenn sie aufgrund ihrer Überzeugung die sinnlose Polarisierung zwischen Menschen nicht mitmachen wollen und einfach offen sind für das Gute, das in jedem einzelnen Menschen steckt? Fordert höhere Ausbildung auf Dauer nicht geistige Opfer, wenn sie nur Leistungsmenschen züchtet, statt soziale Menschen heranzubilden?

Wenn man den Text liest, wo Jesus das Meer überquert, dann denkt man zunächst, das hätte mit dem Vorangehenden nichts zu tun. Und doch: Auch hier begegnet Jesus zwei in Panik geratenen Personen: dem Oberst mit seinem sterbenden Töchterchen und der Frau mit ihrer schon so lange andauernden Qual. Von allerlei Kurpfuschern und anderen Leuten betrogen, haben beide nach vielen Mißgeschicken ihren Glauben an die Menschen und an sich selbst verloren. Sie haben in nichts und niemanden mehr Vertrauen. Und nun steht plötzlich jemand vor ihnen, der Vertrauen ausstrahlt, jemand, dem sie Glauben schenken können. Wie bei den oben Genannten ist das ihre Rettung.

Werden wir heute nicht auch zu Millionen täglich betrogen von allerlei Kurpfuschern im politischen, sozialen und kirchlichen Bereich? Auch wir wissen nicht mehr, was wahr und was falsch ist. Es gibt Leute, die Fehler von anderen mächtig aufbauschen, um sich selbst und die Gruppe, zu der sie gehören, in den Mittelpunkt zu stellen. Dadurch wird der Betreffende isoliert und mit sich selbst entzweit.

Doch wenn wir die Augen offenhalten, dann begegnen wir immer wieder Menschen aus allen möglichen Gruppierungen, die Vertrauen ausstrahlen und zur Mitarbeit auffordern. Es sind keine Heiligen, sondern normale Menschen, Menschen wie wir. Vertrauen geben und Vertrauen empfangen: das ist die Basis, auf der Strukturen vermenschlicht werden können. Polarisierung führt nur zu Schlimmerem und verursacht Wunden, die dann wieder geheilt werden müssen. Sie lähmt das Gute, das wir in uns haben.

KAPITEL VI

»Wo es keine Gemeinschaft gibt, passiert nichts, worüber man sich wundern könnte«

Darauf nahm Jesus die fünf Brote und die zwei Fische, blickte zum Himmel auf, sprach den Lobpreis, brach die Brote und gab sie den Jüngern, damit sie sie an die Leute austeilten. Auch die zwei Fische ließ er unter allen verteilen. Und alle aßen und wurden satt.

Als die Jünger die Reste der Brote und auch der Fische einsammelten, wurden zwölf Körbe voll. Es waren fünftausend Männer, die von den Broten gegessen hatten.

(Markus 6,41–44)

Diesen Evangelientext könnte man das Evangelium der Wahrheit und der Klarheit nennen. Er zeigt deutlich auf, was einem passiert, wenn man in seiner eigenen Umgebung, in seiner Familie, seiner Verwandtschaft, seinem Wohnviertel, seinem Betrieb etwas tun will, um die Mentalität, die Gesellschaft zu verändern: Abstammung, sozialer Stand, Fehler und Mängel werden dann maßlos aufgebauscht.

Mißtrauen schlägt einem entgegen: Woher will der arme Schlucker eigentlich diese Weisheit besitzen? Welche dunkle Kraft läßt ihn Wunder vollbringen? Hätte er nicht besser für seine Familie sorgen können, damit sie etwas wohlhabender wird, statt sich für andere Leute einzusetzen? Irgendwann wird er schon gescheit werden!

Dort, wo der Glaube an das gemeinsame Können fehlt, wo es nur einen auf sich selbst gerichteten Glauben gibt, geschehen keine Wunder. Wo es keine Gemeinschaft gibt, passiert nichts, worüber man sich wundern könnte. Doch es geschehen Wunder. Man denke beispielsweise an einen Mann, der seit fünfzig Jahren im selben Betrieb arbeitet und trotz geisttötender Arbeit eine Atmosphäre im Betrieb verbreitet, in der man gut arbeiten kann und in der die ganze Abteilung als Team zusammenhält. Wo nur in Ausnahmefällen einer krankheitshalber fehlt, einer blaumacht oder kündigt, da spricht die Situation für sich. Das Wunder dieses Mannes besteht darin, daß er sein Ideal in die Tat umsetzt. Er glaubt an sein Ideal und glaubt vor allem an die Menschen um ihn. Mit ihnen bildet er eine Gemeinschaft.

Genau das tut auch Jesus. Er bildet Gemeinschaften, die aneinander glauben, die zusammenarbeiten. Sie geben weiter, was sie zu glauben gelernt haben, und haben nicht mehr, als sie für ihre Arbeit brauchen. Deshalb haben sie auch nichts zu verbergen. Sie strahlen Vertrauen aus – und so geschehen Wunder.

Versetzen wir uns einmal in die Zeit vor einhundert Jahren, ins 19. Jahrhundert. In einer Zeit, in der jeder beteuerte, daß es keine Alternative zu der herrschenden Situation gibt, steht eine Gestalt auf, die – wenn auch begleitet von Fehlern und Mängeln – beweist, daß es andere Möglichkeiten gibt: Ich spreche von Karl Marx. Er war maßgeblich daran beteiligt, daß sich ein neues Denken über Arbeit und Menschsein durchsetzte, daß neue Wissenschaften entstanden, die das Wohl aller fördern sollten. Die Früchte davon pflücken wir heute noch. Ihm ist es zu verdanken, daß auch heute noch Gestalten in Kirche, Gesellschaft und Politik aufstehen und beweisen, daß es Alternativen gibt. Und diese Leute leisten tatsächlich etwas!

Gewerkschaften wurden gegründet, das Wahlrecht, die Sozialgesetzgebung kamen auf. Karitative Ideale der Hilfeleistung an Kranken und Armen begeisterten Einzelmenschen und Organisationen. Das Sankt Franziskus-Gästehaus in Rotterdam war eine dieser Einrichtungen, in denen der Stärkere den Schwächeren unterstützte. Es entstanden Wohnungsbaugesellschaften. Dank dem Einsatz vieler Namenloser wurden die Sozialversicherungen gegründet. Die Leute glaubten daran und haben gemeinsam ihren Plan verwirklicht.

Auch in jener Zeit wurden, wie heute, Menschen umgebracht, weil sie die Wahrheit sagten, so wie man zur Zeit Jesu Johannes den Täufer umbrachte. Killer, die sich anwerben lassen, kann man immer finden; aber man kann lästige Gegner auch dadurch verschwinden lassen, daß man das Gesetz ändert. Aber die Arbeit geht weiter.

Ist es denn kein Wunder zu sehen, daß Jugendliche, denen nachgesagt wird, sie glaubten an nichts mehr, zu 15 000 durch Utrecht ziehen, um ihren Glauben an Gott zu bezeugen? Oder Leute zu sehen, die mit anderen das Brot brechen und sich gleichzeitig dafür einsetzen, daß das gebrochene Brot auch zu denen gelangt, für die es gebrochen wurde? — Dafür müssen sie Opfer bringen, Widerstand leisten, Unrecht aufzeigen usw. Allein können sie das nicht. Sie müssen Gemeinschaften um sich haben, die ebenfalls fest daran glauben, daß Alternativen nötig und möglich sind. Auch bei anderen hat es schon Opfer gegeben. Auch sie haben schon manchen Sturm entfesselt, haben durch ihren Einsatz und Glauben Stürme überlebt, wurden selbst von vielen Vorurteilen befreit und konnten durch ihren Glauben andere heilen. Dadurch entsteht die ideale Praxis! Durch ihre Offenheit ermutigten sie viele Menschen, die von Aktionen genug hatten, und brachten Dinge zustande, die nie für möglich gehalten wurden (Wunder?).

Auch heute gibt es, wie zur Zeit Jesu, Christen, die auf ein Schlaraffenland warten, Sozialisten, die darauf warten, daß andere etwas tun.

Aber es gibt auch zahllose Christen und Sozialisten, die anonym in Gemeinschaften das Gute, das sie in sich haben, in Familie, Gesellschaft und Betrieb zu verwirklichen suchen. Sie haben es nicht leicht. Doch sie werden Wunder vollbringen; die Zeichen gibt es schon.

KAPITEL VII

»Die innere Unreinheit tötet das Leben der Menschen«

Die Pharisäer und Schriftgelehrten fragten Jesus: »Warum halten sich deine Jünger nicht an die Überlieferung der Alten, sondern essen ihr Brot mit unreinen Händen?«

Er antwortete ihnen: »Der Prophet Jesaja hatte recht mit dem, was er über euch Heuchler sagte: ›Dieses Volk ehrt mich mit den Lippen, sein Herz aber ist weit weg von mir. Es ist sinnlos, wie sie mich verehren; was sie lehren, sind Satzungen von Menschen.‹«

(Markus 7,5–7)

Dieses Kapitel fängt mit einer Gegebenheit an, die auch heute eines der großen Probleme berührt, die unser Leben, den Fortschritt und die Entwicklung des Menschen lahmlegen.

Jesus steht hier einer Gruppe von Menschen gegenüber, die schon genau wissen, wie man leben muß. Für sie war das Gesetz, das Gott seinem Volk durch Mose mitgeteilt hatte, schon erfüllt. Dadurch war ein auf sich selbst gerichteter Traditionalismus entstanden, der das Gesetz außer Kraft setzte. Das Gesetz war eher tot als lebendig. Die Tradition nahm den Platz des Gesetzes ein und entartete zu einem rein menschlichen Geschehen. Das bedeutete Vorteil für den einen und Nachteil für den anderen. Ihr Verständnis von Mitmenschlichkeit sah dann etwa so aus: Wenn ich meinen ganzen Besitz für Gott bestimme, dann brauche ich von diesem Besitz nichts abzutreten für Altensorge, dann brauche ich keine Not zu lindern, dann brauche ich keinen Arbeitsplatz zu schaffen. Alles bleibt mein, und wenn ich sterbe, gehört alles Gott! Welchem Gott?

Sie reden auch dauernd über allerlei Formen äußerlicher Unreinheit (die Hände nicht waschen; was man essen darf und was nicht ...). Jesus gab ihnen zur Antwort, daß es nicht um äußere Unreinheit gehe, schon gar nicht um Speisen. Alle Speisen sind geschaffen, um gegessen zu werden, und sie werden ohne Schaden den Körper wieder verlassen. Die innere Unreinheit aber, die durch den Geist das Gesetz verletzt und die Tradition zum Gesetz erhebt, hält das Ziel der Schöpfung verborgen und läßt Millionen von Menschen zu geistlosen Tieren verkommen. Ihre mangelnde Entwicklung läßt sie nicht nach der Wahrheit suchen; sie sind lebendig tot.

Nehmen wir als Beispiel einmal die heutige Wirtschaftslage. Millionen von Menschen leiden darunter und sehen keinen Ausweg mehr. Sie machen sich keine Illusionen mehr, daß es noch einen Ausweg gibt. Durch die Unreinheit von vielen, die wissen, daß ein Zeitabschnitt zu Ende geht und ein neuer vor der Tür steht, werden Millionen an Geldern auf Kosten der Allgemeinheit blockiert. Dadurch wird der Traditionalismus, ja oft sogar der Name eines dunklen Gottes für eigene Zwecke benutzt.

Wirtschaftler von Weltrang tragen allerlei Ursachen für den schlechten Gang der Dinge vor. Die eigentliche Wahrheit aber verschweigen sie. Nämlich die, daß die heutige Wirtschaft in einer Sackgasse steckt und daß wir nach einem anderen wirtschaftlichen System Ausschau halten müssen, in dem die Ungleichheit der Völker dieser Welt überwunden werden muß. Dazu ist der Einsatz aller reichen Länder von entscheidender Bedeutung. In einem solchen Wirtschaftssystem wäre nicht der Gewinn das Wichtigste, sondern der Mensch. Das wiederum würde eine Verschiebung von Macht bedeuten. Dieses Risiko ist für Traditionalisten zu groß, denn die wollen Sicherheit für sich selbst. Der Rest ist für sie Nebensache. Keine Reinheit also. Einer, der glaubt, kann dieses Risiko auf sich nehmen, weil er weiß, daß er selbst daran mitarbeiten muß, da sonst nichts passieren würde und Gerechtigkeit eine Utopie bleiben würde.

So ist es auch mit den Kirchen. Wenn die Kirchen meinen, von der Tradition her einen Alleinanspruch auf Wahrheit und auf Entwicklungen erheben zu können, die um sie herum geschehen, wenn sie meinen, diese als das Werk ungläubiger Hunde betiteln zu können, statt — ausgehend vom Guten in ihrer Tradition — mit denen zusammenzuarbeiten, die es auch gut meinen, dann maßen sie sich einen Hochmut an, der ihnen keine Glaubwürdigkeit einbringt.

KAPITEL VIII

»Widerstand bedeutet für die Kirchen immer noch eine Missetat«

Jesus rief die Volksmenge und seine Jünger zu sich und sagte: »Wer mein Jünger sein will, der verleugne sich selbst, nehme sein Kreuz auf sich und folge mir nach. Denn wer sein Leben retten will, wird es verlieren; wer aber sein Leben um meinetwillen und um des Evangeliums willen verliert, wird es retten.«

(Markus 8,34f)

Auch hier steht am Anfang wieder ein Wunderbericht. Erst wollte ich mich nicht dabei aufhalten, aber dann habe ich gemerkt, daß die Erkenntnis, die sich aus der Geschichte der wunderbaren Brotvermehrung ergibt, gerade heute sehr aktuell ist.

In dieser Geschichte setzt Markus Jesus vor die Millionen Menschen, die ohne Führung leben, ohne Hoffnung und ohne etwas zu essen. Sie leben wie Schafe ohne Hirten. Ich denke, daß dies auch heute noch sehr verbreitet ist. Zwei Drittel der Weltbevölkerung leiden Hunger und leben in einer hoffnungslosen Situation. Es gibt keine Anwälte, die sich für sie einsetzen; ihr Widerstand wird erstickt, und noch größere Unterdrückung ist die Folge.

Wir wissen nun, daß wir die Ursache dieses Elends in Europa zu suchen haben. Denn hier wurde das Wirtschaftssystem erfunden, das wir kennen: ein System, das – trotz der positiven Seiten, die es hat – zur Unterdrückung der sozial Schwachen und zum Raub von Bodenschätzen (Kolonisierung) führte und sogar heute noch führt. Die selbständigen Völker leben noch heute in einem System der wirtschaftlichen Kolonisierung, das die erwartete Befreiung von vornherein zunichte macht. Man braucht sich nur einmal die jährliche Show der Welthandelskonferenz anzusehen.

In diesem selben Europa startete auch das Christentum seine Reise durch die ganze Welt: eine Reise, die – von einzelnen Ausnahmen abgesehen – nicht gerade eine aufmunternde Geschichte war und ist. Das bezeugt ein südamerikanischer Präsident, der einmal in einer Fernsehsendung sagte: »Die Kirche kann man ruhig verfolgen, die Institution Kirche aber muß man in Ruhe lassen.« Hier wird erkannt, daß es auch eine lebendige Kirche gibt, die zwar nicht praktiziert, die aber glaubt und sich einer Ungerechtigkeit widersetzt, die unvorstellbar ist, so schlimm, daß ein Südamerikaner in einem von ihm umgeschriebenen Vaterunser folgenden Satz schrieb: »Vater unser im Himmel, ich möchte, daß Du einmal kommst, bevor Du vergessen hast, wie man in den Süden des Rio Grande gelangt.« Das zeigt das große Elend und die große Not auf, die dort herrscht.

Wie steht es in Europa im Jahre 1986 um den »Geringsten meiner«? In den letzten hundert Jahren ist viel verbessert worden. Und doch habe ich Zweifel. Ich glaube wohl, daß wir viel himmelschreiendes Leiden aus dem Blickwinkel der Öffentlichkeit entfernt haben, aber wir haben es in verschiedene Einrichtungen, in Altenheime, Heime für Suchtkranke usw., verlegt. Damit scheint alles in Ordnung zu sein, denn wir sehen das Leid nicht mehr. Aber schon ist eine neue Krankheit im Entstehen: die Einsamkeit. Eine Krankheit, unter der sogar die Erfolgreichen unter uns leiden, da Leid und Freude zum Leben gehören. Nimmt man das Leid weg, dann lebt man nicht mehr, weil es keine Inspiration mehr gibt.

Wie steht es mit der Kirche in Europa? Sie, die als erste mit der Industrialisierung zu tun hatte, müßte – so meine ich – doch längst eine Antwort auf die wachsende Verunmenschlichung und Entfremdung der Arbeitnehmer innerhalb der Kirchenprovinzen gefunden haben. Sie ist doch die Kirche von hier und jetzt. Es ist traurig, daß ihre Lehre für viele immer noch nichtssagend ist. Für viele Arbeitnehmer hat die Kirche überhaupt keine Botschaft. Die Kirchen verlieren immer mehr an Einfluß. Priester, die sich engagieren und unter uns Industriearbeitern leben und wirken und nach der rechten Antwort suchen, leben zwischen allen Stühlen. Widerstand bedeutet für die Kirchen immer noch eine Missetat. Lieber tot! Zum Glück entsteht auch hier, außerhalb der Institution, eine Kirche, die lebt, Hoffnung gibt und glaubwürdig ist, eine Kirche, in der der Glaube Früchte trägt. Es ist keine Kirche, die in ihrem Unglauben ein Zeichen fordert, sondern eine Kirche, die selbst Zeichen setzt, damit Blinde wieder sehen und Stumme zu reden anfangen und damit Gelehrte und Ungebildete, Gläubige und Ungläubige in der Kirche ihren Glauben bekennen und in gemeinsamer Zusammenarbeit Veränderung schaffen.

KAPITEL IX

»Für den Gott Macht und Geld gehen die Menschen durchs Feuer«

Sie kamen nach Kafarnaum. Als Jesus dann im Haus war, fragte er die Jünger: »Worüber habt ihr unterwegs gesprochen?«

Sie schwiegen, denn sie hatten unterwegs miteinander darüber gesprochen, wer von ihnen der Größte sei.

Da setzte er sich, rief die Zwölf und sagte zu ihnen: »Wer der Erste sein will, der soll der Letzte von allen und der Diener aller sein.«

(Markus 9,33–35)

In einer Welt der Bedrohung, der Ungerechtigkeit und des Unglaubens, in einer Welt des technischen Hochmuts und des Wirtschaftsegoismus fristen Millionen von Menschen ein entfremdetes und aussichtsloses Dasein.

Technologie und Wirtschaft heißen die beiden Götter, die diese Menschen sich geschaffen haben, und diese Götter bestimmen, was für die Menschen gut ist. Dazu gibt es einen anderen, einen noch größeren Gott: den Gott Mammon. Für diesen Gott gehen diese Menschen durchs Feuer, denn für sie zählt nur das Geld.

Bei diesem Gott hat Menschlichkeit und Menschsein nur insofern einen Wert, als es seinen eigenen Interessen dient. Er besitzt alles: Wissen, Macht, Sklaven, Gewalt, alles — außer Frieden. Denn Frieden bedeutet für ihn Gefahr.

In dieser Welt mit ihren drei Göttern sind Menschen aufgestanden, die einsahen, daß die ganze Menschheit zugrunde gehen muß, wenn nicht etwas geändert wird. Diese Menschen, die sich Christen nennen, sind Menschen, die denken, und Menschen, die handeln. Sie ziehen durch die Welt, wie einst Jesus im Namen seines Vaters (Gottes) durch die Welt gezogen ist.

Auch Jesus mußte gegen eine dürre und unfruchtbare Kirche, d. h. Gemeinschaft von Menschen, und gegen finanzielle und unterdrückerische Mächte kämpfen. Auch er hatte mit Menschen zu tun, die ihn nicht verstanden, die durch ihn nur zu Macht und Ansehen gelangen wollten: Salonchristen.

Jesus wurde von vielen nicht verstanden. Er wurde sogar verfolgt, beschimpft, getötet, und seine Jünger erleiden dasselbe Schicksal. Sie wollen sich für die Menschen einsetzen, aber sie sind entmutigt, enttäuscht, müde. Sie fühlen das Bedürfnis, einmal da herauszukommen, sich zurückzuziehen und darüber nachzudenken, was eigentlich schiefgelaufen ist und wie es weitergehen soll. Als sie sich in die Stille zurückgezogen haben, geschieht etwas mit ihnen, wie wir es im Markus-Evangelium lesen.

Indem sie über die Vergangenheit und die Zukunft nachdenken, sehen sie ihren Meister Jesus Christus mit Elija und Mose: Elija, der Denker, und Mose, der abgerackerte Arbeiter, als die theoretische und die praktische Macht im Gespräch mit Jesus. Sie hören eine Stimme, die sagt, sie sollen auf ihn hören. Daraufhin fühlen sie sich gestärkt und wollen Zelte aufbauen, um dort zu bleiben.

Sie hegen keinen Argwohn gegen die Leute, für die sie sich einsetzen müssen. Sie können und dürfen ihnen nicht erzählen, was sie erlebt haben, denn es würde ohnehin niemand glauben. Als sie zu denen zurückkehren, für die sie sich einsetzen wollen, platzen sie mitten in ein Streitgespräch hinein. Es geht um einen Mann, der durch das System und durch Geltungsdrang geistig so niedergeworfen ist, daß er nicht mehr ein noch aus weiß. Seine Familie und die Spezialisten haben ihn als hoffnungslosen Fall beiseite geschoben, obschon sie damit gerechnet hatten, sie könnten ihn im Handumdrehen in den Griff bekommen.

Mit schönen Sprüchen und frommen Wünschen wird leider niemand geheilt. Darum gelingt es auch nicht. Ignatius sagte einmal seinen Jüngern: Wenn man in seinem Leben auch nur einen Menschen gerettet hat, dann hat man seine Pflicht für den Menschen erfüllt. Dazu bedarf es eines Glaubens, der einen handeln läßt und der einen wissen läßt, daß man nichts aus sich allein vermag. Der Glaube ist ein Feuer, das das ganze eigene Ich verbrennt.

Dank ihres Glaubens nahmen Jesus und seine Jünger diesen Menschen auf, und sie nahmen ihn ernst.

Dadurch, daß sie auf ihn hörten und ihn als Gleichen behandelten, konnten sie ihn wieder mit den Füßen auf die Erde stellen. Das kann nur gelingen, wenn man mit ihm zusammen über seine Situation nachdenkt, etwas mit ihm zusammen macht; nicht aber mit der Mentalität: Schau mal, das habe ich für dich getan, darum habe ich jetzt Anspruch auf den ersten Platz. Nein, so nicht! Erfolg werden wir nur haben, wenn wir — genau wie Jesus, dem wir nachfolgen — auf einen Berg steigen, der mit sozialen Leiden, mit Einsamkeit und Unrecht übersät ist, um auf dem Gipfel zu sterben wie er, vor den Augen der Welt, als Verlierer, im Glauben aber als Sieger.

Um dies zu erreichen, muß man wie ein Kind werden, das sich einem zuversichtlich anvertraut, weil es an das glaubt, was wir Eltern oder Erziehungsberechtigte ihm sagen. Denn es glaubt, daß dies gut für sein weiteres Leben ist.

Wehe dem, der bewußt zuläßt, daß ein Kind aus eigennützigen Gründen zu einem Prestigeobjekt herabgewürdigt wird. Wehe dem, der — ohne zu protestieren — dem Staat die Erziehungsaufgaben eines Kindes überläßt. Er begeht eine Sünde gegen den Geist, weil er bewußt den Geist des Kindes krank gemacht habt. »Wer ein Kind aufnimmt, nimmt mich auf.«

Immer noch gibt es unter uns Menschen, die erstaunt sind, daß andere, die nicht aus christlichem Glauben handeln, dasselbe erreichen wie wir. Es sind Menschen, gegen die wir jahrelang wegen ihres angeblichen Materialismus bzw. Unglaubens gekämpft haben. Ist das denn in Ordnung? Ihnen kommt noch dieselbe Antwort wie damals zu: Der Mensch ist ein Geschöpf und Abbild Gottes. Gottes Geist wirkt also in allen Menschen. Bekämpft die anderen also nicht, sondern arbeitet mit ihnen zusammen. Unterstützt diejenigen, die ihr Leben einsetzen, um für die Menschenrechte, für die Freiheit ihres Volkes zu kämpfen.

Denn sie sind es, die die Verwandlung erlebt haben und uns im Kampf gegen das soziale Leid, gegen Unterdrückung und brutale Machtstrukturen vorangegangen sind. Auch wenn sie nicht an Gott glauben, so setzen sie sich doch dafür ein, daß schon ein Stück des Reiches auf Erden verwirklicht wird. Man darf nicht nur, man muß mit ihnen zusammenarbeiten.

KAPITEL X

»Es geht nicht um Almosen, sondern um Gerechtigkeit«

Da sah Jesus seine Jünger an und sagte zu ihnen: »Wie schwer ist es für Menschen, die viel besitzen, in das Reich Gottes zu kommen!«

Die Jünger waren über seine Worte bestürzt.

Jesus aber sagte noch einmal zu ihnen: »Eher geht ein Kamel durch ein Nadelöhr, als daß ein Reicher in das Reich Gottes gelangt.«

(Markus 10,23—25)

Das Thema, das gleich am Anfang dieses Kapitels angesprochen wird, ist heute noch sehr aktuell. Es geht um die Frage, ob die Ehe unauflöslich ist oder nicht.

Jesus wird gefragt, ob es einem Mann erlaubt ist, seine Frau aus der Ehe zu entlassen. Weil Jesus eine Falle wittert, stellt er eine Gegenfrage: Was hat Mose euch vorgeschrieben?

Sie antworten: Mose hat erlaubt, der Frau einen Scheidungsbrief zu schreiben und sie zu entlassen. (Als ob es sich um ein Stück Vieh handelte!)

Jesu Reaktion ist eindeutig: Unter dem Druck eures harten Egoismus und eurer Herrschsucht hat er das getan! Ihr Schriftgelehrten wißt doch ganz genau, was Gott in Genesis darüber sagt: Als Mann und Frau habe ich euch erschaffen, als zwei Geschlechter, aber als einen Menschen. Dadurch, daß ihr Mose nötigtet, der Scheidung zuzustimmen, habt ihr einen halben Menschen geschaffen, einen Mann als egoistischen Herrscher.

In dem von Papst Johannes XXIII. begonnenen und von Paul VI. abgeschlossenen Konzil berufen sich die teilnehmenden Bischöfe ebenfalls auf Gottes Wort im Buch Genesis: Was Gott verbunden hat, das soll der Mensch nicht trennen.

Wenn man den Konzilstext *Gaudium et Spes* liest, dann hört man fast Gott selbst erläutern, was die Bedeutung der Ehe ist. Eine auf einen nüchternen Vertrag hin und auf erotischer Basis geschlossene Ehe ist keine Ehe. Die wirkliche Ehe ist ein zwischen zwei Menschen geschlossener Bund auf freiwilliger Basis und in absoluter Gleichheit. In ihrer Gleichheit müssen sich Mann und Frau zu gleichwertigen Partnern entwickeln können. In ihrer Opferbereitschaft und Liebe müssen beide füreinander den notwendigen

Raum schaffen, um den sozialen, politischen und gesellschaftlichen Problemen dieser Zeit gewachsen zu sein. Sie bilden erst eine Einheit, wenn sie ihre Entscheidungen, die sie für richtig halten, gewissenhaft und gemeinsam treffen. Willkürliches Handeln ist dann ausgeschlossen.

Hersteller chemischer Produkte verdienen Milliarden an der Pille und an Mitteln, die deren Nebenwirkungen bekämpfen sollen. Wäre die Ehe ein Bund und kein Vertrag, dann würden die Profite dieser Firmen wesentlich niedriger liegen. Eine andere Frage ist, wie viele Kriege nicht geführt worden wären, wenn die Frau als gleichwertige Partnerin angesehen worden wäre und nicht als unmündige Hausfrau und als Arbeitstier, das man auch heutzutage noch wie ein Stück Vieh wegschicken kann.

Gott sagt, der geschlossene Bund stelle keine Ehe, sondern nur einen Vertrag dar, wenn bestimmte Voraussetzungen der Ehe nicht gegeben sind. Und diese Voraussetzungen sind nicht nur christlicher, sondern rein menschlicher Natur: Es geht darum, daß man weiß, daß man durch Liebe, Opferbereitschaft und Gleichheit zu einem Menschen wird, mit einem Gewissen.

Was ist bloß mit der Frau geschehen, daß ein Konzil auf diesen wichtigen Punkt aufmerksam machen muß? Mit Sicherheit wird man weder im Reich Gottes noch in irgendeinem anderen Reich Freude erleben, wenn man ein Kind, wie es mit Millionen Kindern gemacht wird, abschiebt und es in Heimen einschließt. Diesen gewissenlosen Egoismus und diese Herrschsucht haben die Kinder auszubaden.

Zu Recht hat Jesus Mitleid mit dem reichen Jüngling, der wohl alles tat, was das Gesetz vorschreibt, nicht aber das, was das Gesetz auch heute noch nicht vorschreibt: nämlich das Zuviel von Besitz für das Glück und das Heil desjenigen Mitmenschen einzusetzen, der vielleicht selbst daran beteiligt war, diesen Besitz anzuhäufen. Ist dieser reiche Jüngling eigentlich ein Produkt eines solchen Ehevertrags? Wenn ja, dann kommt ein Kamel leichter durch ein Nadelöhr als ein Reicher in den Himmel.

Es geht hier nicht um Almosen, sondern um Gerechtigkeit. Diejenigen, die sich für Gerechtigkeit einsetzen, werden ihr Jerusalem finden; und weil sie alles gegeben haben, was sie hatten, werden sie getötet oder nach einem Scheinprozeß dem Feind vorgeworfen. Sie sind zu gefährlich.

Christen und auch andere Menschen, die sich für Gerechtigkeit einsetzen, dürfen dies nicht mit dem Ziel tun, später einmal Macht und Besitz anzuhäufen, da sie sonst selbst zu Herrschern werden. Sei ein Diener, der nur gibt, dann werden die Blinden flehen, um wieder sehen zu können. Üben wir uns also im Dienen, und sehen wir jeden Menschen als gleich an. Erst dann wird unser Handeln wirklich gewissenhaft sein.

KAPITEL XI

»Alles muß gekauft, alles muß bezahlt werden«

Dann kamen sie nach Jerusalem. Jesus ging in den Tempel und begann, die Händler und Käufer aus dem Tempel hinauszutreiben. Er stieß die Tische der Geldwechsler und die Stände der Taubenhändler um und ließ nicht zu, daß jemand irgend etwas durch den Tempelbezirk trug.

Er belehrte sie und sagte: »Heißt es nicht in der Schrift: ›Mein Haus soll ein Haus des Gebetes für alle Völker sein?‹ Ihr aber habt daraus eine Räuberhöhle gemacht.«

(Markus 11,15–17)

Markus erzählt die Ausführung eines Auftrags, der meiner Meinung nach eine symbolische Bedeutung hat. Zwei Jünger sollen in einem Dorf einen jungen Esel abholen, der dort angebunden steht und von niemandem gebraucht oder auch nur beachtet wird. Sie sollen ihn losbinden und zu Jesus bringen. Als die Umstehenden sie darauf ansprechen, brauchen sie nur zu sagen: »Der Herr braucht ihn.« Nicht mehr und nicht weniger bedarf es, um sie gehen zu lassen.

Kann es sein, daß hier der junge Mann gemeint ist, der unter der strengen Tradition der Eltern lebte und sich jetzt auflehnt, der deshalb als nutzlos abgeschrieben und niedergehalten wird? Weil aber kein Mensch nutzlos ist, läßt ihn Jesus holen. Der Mann darf mit allen anderen bei Jesus sein, um mit ihm dessen erneuernde und befreiende Lehre durch die Welt zu tragen.

So zieht Jesus, umdrängt von erneuerten und befreiten Menschen, in Jerusalem ein, geht in den Tempel, nimmt die Zustände dort in Augenschein und kehrt, angesichts der späten Stunde schließlich mit den Zwölf nach Betanien zurück.

Vielleicht ist ihm das, was er im Tempel gesehen hat, zuviel, und er will einen Augenblick darüber nachdenken, wie er dieser Ungerechtigkeit, diesem Zwang ein Ende bereiten kann.

Ein Baum, der keine Früchte trägt, stillt keinen Hunger. Der schöne grüne Feigenbaum, der so prachtvoll glänzt, stellt den Hohenpriester, den Priester, den Pfarrer, den Politiker, den Gewerkschaftsfunktionär dar, die zu ihrem eigenen Nutzen und zum Nutzen ihrer Kaste einen Beruf aus ihrem Amt machen. Ihre Lehre ist dürr, tot und bedrückend, und sie wird keine Früchte abwerfen. So wird auch jeder andere Mensch, der nur betet und für sich allein arbeitet, das Befreiende an der Lehre Jesu nie erfahren. Diese Menschen werden immer Gefangene ihrer eigenen toten, dürren und starren Traditionen bleiben. Eine Botschaft für andere haben sie nicht.

Als Jesus zurück in den Tempel kommt, statuiert er deshalb ein Exempel, das nicht mißverstanden werden kann — auch heute nicht. Er jagt die Händler und die Geldwechsler aus dem Tempel hinaus und verbietet ihnen, auch nur einen Gegenstand durch den Tempelbezirk zu tragen. Warum? — Jesus erklärt: »Ihr macht das Haus meines Vaters, das ein Haus des Gebetes sein soll, zu einer Räuberhöhle.« Wenn es weiter nichts ist, werden wir jetzt denken, dann können sie ihren Handel ja außerhalb des Tempelbezirks fortsetzen. Das stimmt. Aber es ging nicht nur um den Handel. Die Tauben in dieser Geschichte sind Opfertiere, von denen das Blut in Schalen oder anderen Gefäßen aufgefangen werden mußte. Alles mußte gekauft und bezahlt werden. Darin bestand der Handel. Darüber hinaus mußten sowohl die Händler als auch die Geldwechsler ihren Standplatz im Tempel bezahlen. Gegen Bezahlung sprach der Priester Gebete über dem Opfer des Armen. Das Opfer einer Taube konnten sich die Armen gerade noch leisten. So beuteten die Priester und Händler die Armen zu ihren Gunsten aus. Dadurch, daß Jesus dies jetzt unmöglich machte, legte er diese ganze heuchlerische Religion lahm.

Aber auch heute gibt es noch Religionen, die den Menschen nicht erlösen und ihm keine Mittel in die Hand geben, um sich aus einer ungerechten Abhängigkeit, aus Unterdrückung, Ausbeutung und Rassismus zu befreien. Auch diese Religionen müssen lahmgelegt werden, denn ihre Botschaft ist heuchlerisch, dürr und tot.

Der Mensch aber, der sein Brot in der Industrie verdienen muß, der Mensch, der in einem unterdrückenden System leben muß, läßt Religionen und Kirchen liegen, um sich auf die Suche nach Menschen zu begeben, die tatsächlich etwas von demjenigen vergegenwärtigen, der die Leute aus dem Tempel jagte, und auf die Suche nach Menschen, die noch an Jesus glauben. Aber auch heute wird noch nach Mitteln gesucht, diese wirklich gläubigen Menschen zum Schweigen zu bringen.

Einige Beispiele:

Was ist zu halten von Lastwagenfahrern, die sich dank der harten und zähen Arbeit eines Seelsorgers ihrer Situation bewußt wurden und lernten, die Öffentlichkeit auf sich aufmerksam zu machen? Eines Tages streiken sie auf ihrer Fahrt, um gegen die Verständnislosigkeit und die bewußte Verachtung seitens der Politiker und Gewerkschaftler zu protestieren, die ihren Problemen keine Achtung schenken, geschweige denn, sie ernst nehmen.

Das ist schlimm. Scheinbar handeln diese Leute rein berufsmäßig und haben Angst, ihre Position zu verlieren. Sie handeln nicht aus Überzeugung oder aus einem Glauben heraus, der Berge versetzen könnte. Dadurch, daß sie die schwere Waffe des »teile und herrsche« schwingen, dadurch, daß sie Zweifel säen, pervertieren sie die gute Sache.

Was ist zu halten von einer Konferenz der OECD (Organisation für wirtschaftliche Zusammenarbeit und Entwicklung) im Jahre 1971/72, in der verschwiegen wurde, daß Arbeitslosigkeit die unmittelbare Folge einer mit rasanter Automatisierung bekämpften Inflation ist? Fragen wir die Herren doch mal danach. Vermutlich werden sie uns kaum eine gewissenhafte Antwort darauf geben. Ihre eigene Selbsterhaltung zwingt sie, Umschweife zu machen oder die Antwort so zu verpacken, daß das Eigentliche verborgen bleibt.

Obwohl die UNO-Vertreter in diesen Versammlungen ihre Empörung über das Verhalten bestimmter Staaten ausdrückten, schrecken sie doch vor dem Vorschlag eines Boykotts dieser Länder zurück.

Die Mächtigen wollen den Massen den Eindruck vermitteln, es gehe um die schlechten Wirtschaftsverhältnisse. Und diejenigen, die die Wahrheit ans Licht bringen, werden bekämpft und als Idioten ohne Urteilsfähigkeit abgestempelt. Sehr oft reden sogenannte Experten auf diese Weise. Sie geben der Presse und den Nachrichtenmedien halbe oder zweifelhafte Informationen. Stehen sie der wirklichen Arbeit etwa negativ gegenüber?

Zum Glück gibt es noch Menschen, die begreifen, daß irgend etwas nicht stimmt, auch wenn sie von den sogenannten Experten als Unbefugte und Inkompotente angesehen werden. Sie leben aus ihrem Glauben und kämpfen weiterhin gegen das Böse. Der Glaube kann Berge versetzen.

KAPITEL XII

»Die einen geben ihr Leben für die Armen, die anderen verhalten sich neutral«

Es war eine große Menschenmenge versammelt und hörte ihm mit Freude zu.
 Jesus lehrte sie und sagte: »Nehmt euch in acht vor den Schriftgelehrten! Sie gehen gern in langen Gewändern umher, lieben es, wenn man sie auf den Straßen und Plätzen grüßt, und sie wollen in der Synagoge die vordersten Sitze und bei jedem Festmahl die Ehrenplätze haben. Sie bringen die Witwen um ihre Häuser und verrichten in ihrer Scheinheiligkeit lange Gebete. Aber um so härter wird das Urteil sein, das sie erwartet.«

(Markus 12,37−40)

Wenn man den Anfang dieses Kapitels liest, denkt man, dies müßten einmal diejenigen lesen, die sich auf so negative Weise über 2000 Jahre Christentum ereifern. Es geht dort um Menschen, denen nichts Menschliches fremd ist, ob es nun Päpste, Bischöfe oder andere Amtsträger sind. Sie haben ebenso ihre Fehler wie wir. Der Eigentümer des Weinberges ist Gott. Der Weinberg selbst stellt die Erde dar, die Gott so geschaffen hat, daß sein Ebenbild, der Mensch, ihn weiter bearbeiten kann. Es gibt dort alles, was der Mensch zum Leben und zu seiner eigenen Entfaltung braucht. — »Er sah, daß es gut war.«

Durch die Ältesten, die Hohenpriester und später die Päpste, Bischöfe und Priester sagt Gott uns, wie wir ihm zu dienen haben, im Religiösen wie im Weltlichen. Aber es läuft anders: Die von ihm angestellten Leute werden sich ihrer Macht bewußt und setzen sie eigennützig für das Wohl ihrer Gruppe ein, auf Kosten anderer Menschen. Er schickt Leute aus, um sie vor den Folgen ihrer Handlungsweise zu warnen. Sie werden mißhandelt und getötet, damit sie nicht reden können. Dann schickt er seinen Sohn, weil er denkt, ihm würden sie sicher zuhören. Nun, wir wissen, daß sie auch ihn umbringen. Auf ihre Macht würden sie niemals verzichten. So wird der Eckstein, den sie verworfen haben, von anderen aufgehoben. Es wird trotz allem weitergebaut.

Wer sich heute aus seinem Glauben heraus mit Menschen beschäftigt und versucht, Recht und Gerechtigkeit zu erreichen, erlebt in der Kirche und außerhalb der Kirche genau das, was oben beschrieben wird. Da braucht man nur unser eigenes Land zu betrachten, wo man sich mit aktuellen Fragen, die andere Menschen in der Gesellschaft betreffen, auseinandersetzt. Der eine Apostel geht von der Tradition aus und fordert eine hundertprozentige Hingabe. Der andere Apostel sieht den Menschen und erkennt seine Schwächen an. Er redet selbst als Mensch und ist sich bewußt, daß nur ein vollkommener Mensch zu einer hundertprozentigen Hingabe fähig ist. Und vollkommene Menschen gibt es nicht. Darum will er sich zusammen mit dem schwachen Menschen auf den Weg machen. Wer ist nun der Vertreter Gottes und leitet den Ertrag des Weingartens weiter?

Auf der ganzen Welt leben Apostel (Bischöfe) inmitten der Armen und sind selbst reich. Der eine gibt sein Leben für die Armen und ist lebendig; der andere verhält sich neutral, setzt sich genau im Rahmen des Gesetzes ein und ist tot. Aber es sind und es bleiben Menschen. Es sind Menschen, die 2000 Jahre Christentum vergegenwärtigen, und zwar nur anhand negativer Fakten. Die positiven Fakten derjenigen, die ihr Leben für Recht und Gerechtigkeit einsetzen, verschweigen sie dagegen. Die haben in ihrem Machtdenken keinen Platz. Wie viele Christen und Nicht-Christen geben Gott wirklich, was ihm gehört? Geben nicht viele Menschen Gott oder dessen Organisationen, was sie mit Hilfe von Tricks, Gesetzeslücken und Betrug dem Staat abgenommen haben? Und muß man sich dann wundern, wenn eine solche Gabe als Missetat abgestempelt wird?

Diejenigen, die von anderen Menschen ein perfektes Christentum verlangen, müßten zunächst einmal selbst vollkommen sein. Aber daran fehlt es noch.

Versuchen wir heute doch mal, als Menschen guten Willens zusammenzuarbeiten. Dann gibt es Fortschritt, ehe wir es richtig merken. Wenn man nicht an ein Leben nach dem Tode glaubt, warum sorgt man sich dann um die Dinge nach diesem Leben? Wenn man tot ist, ist man doch tot! Oder steht der Glaube dem Leben, das man führt und das soviel Elend verursacht, im Weg? Denn wenn man an ein ewiges Leben glaubt, weiß man, daß dort weltliche Normen keine Gültigkeit mehr haben. Man lebt wie ein Engel oder wie ein Geist.

Darum bin ich der Gott von Martin Luther King, Einstein, Johannes XXIII. und vieler Namenloser, die ihr Leben gaben, damit wir leben können. Sie alle hatten eines gemeinsam: Sie glaubten an das ewige Leben und setzten sich hier auf der Erde schon zum Wohle aller dafür ein. Er ist ein Gott, der in jedem lebt, der sich ihm öffnet. Und wie sind wir für ihn offen? Wie sind wir für unsere Mitmenschen offen? – Sicher nicht nur, indem wir nur für ihn beten oder teure und aufsehenerregende Opfer bringen, sondern indem wir zunächst in ihm einen Mitmenschen sehen und in ihm Gottes Bild und Gleichnis entdecken. Dann erst weiß man, wie man dienen muß.

Viele Gläubige und Nicht-Gläubige haben uns dies bereits vorgelebt. Sie sind gestorben, und doch leben sie noch.

Ich warne euch vor den Amtsträgern in der Kirche und außerhalb der Kirche, die sich so gern auf öffentlichen Plätzen grüßen lassen, die so gierig darauf aus sind, Ehrenplätze zu ergattern, die sich auffallend kleiden, sich wie Schmarotzer Opfer suchen, um von ihnen zu leben, und dadurch die Kirche Gottes und die Welt zu ihrem Eigentum machen und uns zu unmündigen Sklaven erniedrigen. Diejenigen, die sich so verhalten, sind Schlangen, und sie sind schuld an der negativen Überlieferung von 2000 Jahren Christentum.

Nicht so die Witwe, die das gab, was sie zum Leben brauchte. Sie brachte ein Opfer. Sie gab alles, was sie hatte, damit ein anderer auch leben konnte. Die anderen gaben, was sie übrig hatten. Sie gaben Almosen, keine Opfer. Sie gaben den anderen nur zurück, was sie ihnen zuvor abgenommen hatten. Auch heute, nach 2000 Jahren Christentum, gibt es Christen und Nicht-Christen, die so leben. Aber es gibt auch Christen und Nicht-Christen, die sich zusammen auf den Weg gemacht haben, um etwas dagegen zu tun. Sie lehnen sich dagegen auf. Sie bringen dasselbe Opfer wie die Witwe. Sie werden auch verfolgt, mißhandelt oder getötet. Auch diese Menschen sollen in der zweitausendjährigen Geschichte des Christentums erwähnt werden.

KAPITEL XIII

»Schlafen wir selbst nicht ein?«

»Es ist wie mit einem Mann, der sein Haus verließ, um auf Reisen zu gehen: Er übertrug alle Verantwortung seinen Dienern, jedem eine bestimmte Aufgabe; dem Türhüter befahl er, wachsam zu sein. Seid also wachsam! Denn ihr wißt nicht, wann der Hausherr kommt, ob am Abend oder um Mitternacht, ob beim Hahnenschrei oder erst am Morgen. Er soll euch, wenn er plötzlich kommt, nicht schlafend antreffen. Was ich euch aber sage, das sage ich euch allen: Seid wachsam!«

(Markus 13,34−37)

Als Jesus den Tempel verläßt, sagt einer seiner Jünger zu ihm: »Meister, schau, was für Bauten, welch eine machtvolle Architektur!« Jesus antwortet ihm: »Siehst du diese Bauten? Kein Stein wird auf dem anderen bleiben, alles wird verwüstet werden.«

Die Jünger sind von diesen Worten erschrocken oder denken, er meine es nicht ernst. Es ist ja auch nicht gerade eine Kleinigkeit, was sie da zu hören bekommen. Als sie auf dem Ölberg kurz Rast machen, fragen einige seiner Jünger ihn, wann denn dies geschehen soll und welches die Zeichen sein werden, die es ankündigen. Als Prophet sagt Jesus ihnen dann den Untergang des jüdischen Volkes und den aller Völker voraus. Das wird nicht geschehen, weil Gott es so will, sondern wegen ihres eigenen Hochmutes, ihrer Habsucht, ihrer Machtbesessenheit.

Diejenigen, die wachsam sind und aus Überzeugung das tun, was getan werden muß, werden überleben. Sie werden es schwer haben gegen solche Leute, die vorgeben, im Namen Gottes aufzutreten, aber so viele betrügen. Wenn ihr von Kriegen hört, von Gerüchten über Kriege, dann habt keine Angst, denn es muß geschehen, doch ist es nicht das Ende. Völker werden sich gegen Völker erheben, Länder gegen Länder, Erdbeben und Hungersnöte wird es bald hier, bald dort geben: das sind die ersten Wehen. Seid auf der Hut, denn sie werden euch vor den Richter schleppen. In eurer eigenen Kirche werden sie euch mißhandeln. Sie werden euch vor höhere und niedrigere Obrigkeiten stellen um meinetwillen, aber gerade so werdet ihr vor ihnen Zeugnis für mich ablegen.

Wer dies und alles, was geschrieben steht, heute liest, kann die Wahrheit nicht verkennen. Vieles davon haben wir bereits miterlebt, und vieles andere ist schon deutlich im Entstehen begriffen, wenn man sich die Zeichen nur ansieht, denn sie sind überdeutlich. Wir wissen von Kriegsgerüchten und Kriegen. Und täglich hören wir in den Medien die falschen Propheten. Als Christen sind wir ihnen jahrhundertelang auch gefolgt, sowohl bei der Verfolgung der Juden als auch bei der Verfolgung Andersdenkender. Und alles in seinem Namen! Wir wissen, daß der Vater seinen Sohn und der Sohn seinen Vater verraten wird, daß die Kinder sich gegen ihre Eltern erheben, und zwar nicht nur unter totalitären Regimen, sondern auch in unserer Konsumgesellschaft.

Ist es nicht heuchlerisch zu meinen, mit dem Film »Holocaust« hätte man der Jugend einen Dienst erwiesen, als man die Handlung des Films im Jahre 1938 anlaufen ließ, um so einseitig die Schuld auf ein Volk schieben zu können? Hätte man den Film im Jahre 1933 angesetzt, so wäre auch unsere totale Schuld zum Vorschein gekommen, und die Jugend hätte dann sehen können, daß viele hätten gerettet werden können.

Es sind falsche Propheten, denn für den Film war das Geld das Wichtigste. Wenn ihr die Verwüstung seht, dann sollt ihr flüchten, solange ihr könnt. Wie wahr dies ist, können diejenigen bezeugen, die die Bombardierung Rotterdams am 14. Mai 1940 miterlebt haben. Wie viele hätten überlebt, wenn sie nicht zuerst in ihre Häuser gelaufen wären, wenn sie in diesem grauenhaften Inferno nicht versucht hätten, nach Hause zu kommen? Welch ein Glück für Mütter und Säuglinge und schwangere Frauen, daß es Sommer war!

Wir Christen und alle Menschen guten Willens werden Stellung beziehen müssen gegen die Menschen, die im Namen Gottes oder seines Sohnes ein abscheuliches Apartheidsregime aufrechterhalten, Stellung gegen die, die im Namen Gottes die Bevölkerung eines schwarzen Kontinentes unterdrücken, mal mit, mal ohne die Kirche, Stellung gegen all diejenigen, die die Diskriminierung von Minderheiten propagieren, gegen die, die den Arbeitslosen und allen, die von der Arbeit ausgeschlossen werden, zu Profitgeiern erklären.

Wir werden alle unterstützen müssen, die sich für eine neue und gerechte Gesellschaft einsetzen. Wir Christen von heute und alle rechtdenkenden Menschen mit uns können wissen, daß durch den falschen Gebrauch der heutigen Technologie unser Leben und das der Generationen nach uns vergiftet oder durch Radioaktivität vernichtet werden kann. Ist es dann nicht etwas naiv, wenn der französische Präsident und die deutschen Bischöfe die Frauen auffordern, mehr Kinder in die Welt zu setzen und sich über die Gefahren, die uns bedrohen, nur in vagen und nichtssagenden Sätzen äußern?

Es ist nicht unbedingt die Konsumgesellschaft, die die niedrige Geburtenrate verursacht. Die Wissenschaftler und diejenigen, die falschen Gebrauch von der Technologie und der Wissenschaft machen, sind heute die Wunderdoktoren und die falschen Propheten. Sie sind diejenigen, die imstande sind, durch eine Nuklearexplosion die Erde aus ihrer Bahn zu schleudern, wodurch für uns die Sonne verdunkelt würde, der Mond kein Licht mehr abgeben würde und die Sterne vom Himmel fallen würden. Deshalb können wir nicht neutral bleiben. Wir werden wachsam bleiben müssen.

Tausende werden wegen ihres Zeugnisses gefoltert, wie Hunde niedergeschossen, oder verschwinden einfach — sowohl Frauen und Mädchen als auch Männer und Jungen, sowohl Priester und Pastöre als auch Sozialisten und Christen. Sie alle haben Stellung gegen diese Verbrechen bezogen, und sie taten es für uns, im Namen des Menschen Jesus.

Gedenken wir vor allem ihrer, und schlafen wir selbst nicht ein!

KAPITEL XIV

»Wenn einer an den Säulen der Macht rüttelt...«

Die Hohenpriester und der ganze Hohe Rat bemühten sich um Zeugenaussagen gegen Jesus, um ihn zum Tode verurteilen zu können; sie fanden aber nichts. Viele machten zwar falsche Aussagen über ihn, aber die Aussagen stimmten nicht überein.

Einige der falschen Zeugen, die gegen ihn auftraten, behaupteten: »Wir haben ihn sagen hören: ›Ich werde diesen von Menschen erbauten Tempel niederreißen und in drei Tagen einen anderen errichten, der nicht von Menschenhand gemacht ist.‹«

Aber auch in diesem Fall stimmten die Aussagen nicht überein. Da stand der Hohepriester auf, trat in die Mitte und fragte Jesus: »Willst du denn nichts sagen zu dem, was diese Leute gegen dich vorbringen?«

Er aber schwieg und gab keine Antwort.

(Markus 14,55—61)

Wer dieses Kapitel aufmerksam liest, wird einige Kernpunkte darin entdecken, die heute noch in jeder Gesellschaft unverkürzt und weithin sichtbar auftreten: die Eskalation des Hasses, die Spontaneität desjenigen, der wirklich liebt, den Menschen, der seiner Berufung bis zum Ende treu bleibt, die Angst, den Zweifel, das Noch-nicht-begreifen-Können des »Warum«.

Zwei Tage, bevor das jüdische Volk in einer religiösen Feier seiner Befreiung aus der ägyptischen Sklaverei und Unterdrückung gedenkt, setzen sich seine religiösen Führer und die Clique der Schriftgelehrten zusammen und überlegen, wie sie Jesus am besten aus dem Wege räumen könnten. Sie wollen ihn, den Mann, der sein Volk und damit alle Menschen von solchen Leuten befreien will, die ihren Ruf, ihre Macht und ihr Wissen zugunsten einer kleinen Gruppe und für erneute Unterdrückung einsetzen wollen, noch vor dem Fest beseitigen, da sonst zu viele Menschen in der Stadt wären, die ihn hörten und sehen würden. Es würden sonst sicherlich Unruhen ausbrechen, und sie könnten ihr Vorhaben vergessen.

Hier schließen sich Mächte zusammen, die sich die Religion angeeignet haben, um ihre Macht noch zu vergrößern. Statt befreiend zu wirken, wurde die Religion dadurch unterdrückend und versklavend. Ihre Waffen heißen Korruption, Heuchelei, unterschlagene bzw. einseitige Information. Die Interpretation ihrer Ziele überlassen sie ihren Beamten. Geht etwas schief, dann haben sie eben nichts gewußt, und ihre Beamten sind schuld. Die haben dann ihre Kompetenzen überschritten; sie selbst bleiben unschuldig und unantastbar.

Nun tastet der Nazarener mit seiner Lehre aber ihre ganze Macht, ihr ganzes Ansehen an, indem er dem Volk die ganze Fäulnis aufzeigt und es dadurch aus seiner Ohnmacht herausführt. Hören wir heute nicht auch von Machthabern, die sich das Evangelium angeeignet haben, um die Wahrheit auf den Kopf zu stellen? Und das geschieht nicht nur in Kirchen und christlichen Staaten, sondern auch in marxistischen Staaten; auch dort werden Menschen weggesäubert, oder sie verschwinden einfach, weil ihnen die Reinheit der Lehre über alles geht. Mit Recht schrieb Pius XII. in einem Gebet: »Herr, gib uns gute Kommunisten, weil sie — genau wie wir gute Christen — reine sozial bewegte und aktive Menschen sind.«

Ist unser Wirtschaftssystem denn so christlich und menschlich? Oder steht der Profit im Mittelpunkt anstatt der Mensch? Werden die riesigen Gewinne aus den Zeiten der Hochkonjunktur dazu benutzt, um gemeinsam mit den Arbeitnehmern die schlechteren Perioden zu überbrücken, oder werden sie dazu genutzt, um die Gewinne noch zu vergrößern, während die Arbeiter zu Tausenden auf die Straße gesetzt werden? Leben wir hier im reichen Westen nicht von einem Wirtschaftssystem, das früher durch Vernichtung der Wirtschaft in unseren Kolonien und heute durch finanzielle Leihgaben (Entwicklungshilfe) diejenigen, die jetzt unabhängig sind, doch wieder in der Abhängigkeit halten und wir so, dank dem Raub von Bodenschätzen, ein angenehmes Leben genießen?

Sucht man heute nicht auch nach Mitteln, sich solcher Menschen zu entledigen, die uns dies alles deutlich zu machen versuchen? 2000 Priester und Ordensleute und eine unbekannte Anzahl anderer Christen und Sozialisten sind in Südamerika, in Südafrika usw. von den gleichen Personen wie damals in Jerusalem umgebracht worden.

Die einfachen Leute, für die sie sich eingesetzt hatten, begriffen es und wußten — ebenso wie die Frau, die im Hause des Simon Jesu Füße salbte, es instinktiv wußte —, was sie erwartete. Und sie gaben ihnen, wie es ihrem »Meister« geschah, das Beste, was sie hatten. Der Preis spielte keine Rolle — was typisch ist für einfache Leute.

Bei Zigeunern, Wohnwagenbewohnern und vielen, die am untersten Rande der Gesellschaft leben, trifft man dies noch an. Findet ein Fest statt, dann ist es ein Fest mit der ganzen Gemeinschaft. Ist Zeit der Trauer, dann trauert die ganze Gemeinschaft. Kosten werden nicht gescheut. Man muß sie in Ruhe lassen und sie sie selbst sein lassen. Die Armen unter ihnen werden nicht vergessen. Laßt sie in Ruhe, sagt der »Meister«.

Dadurch merkt einer seiner Jünger, Judas, plötzlich, daß er dem Falschen nachgefolgt ist: Er meinte jemandem nachzufolgen, der, wie er, von der Vertreibung der Römer und der Wiederherstellung des jüdischen Staates träumte. Was der »Herr« aber mit seinem Reich meint, ist etwas anderes, und dem Reich, das Judas meinte, völlig entgegengesetzt. Judas ist enttäuscht, bestürzt. Seine ganzen Ideale sind zusammengebrochen. Er kann nicht mehr denken; und in diesem Geisteszustand läuft er zum Hohenpriester und bietet ihm an, Jesus auszuliefern.

War er nun wirklich ein Verräter? Oder war er durch seine Feststellung psychisch so gestört, daß er nicht mehr wußte, was er tat? — Ich denke, letzteres war der Fall, denn sein Lebensende spricht dafür. Als er nämlich begriff, was er getan hatte, erhängte er sich.

Gehört dies nun der Vergangenheit an, oder ist es auch heute noch so? — Ja, es ist heute noch so! Industrieseelsorger, Pfarrer, Humanisten und Sozialarbeiter haben Bücher über Menschen geschrieben, die sich aufgehängt haben, weil das Ideal, für das sie gelebt hatten, zerfallen war, weil sie Opfer eines Konkurses, einer Betriebsschließung oder von Restrukturierungsmaßnahmen geworden waren. Sie waren plötzlich blind für den »Menschen«, der jahrelang mit ihnen und für sie das Brot brach und den Wein trank als Zeichen der Verbundenheit mit allen, die unter Unterdrückung, Unrecht und Verfolgung leiden.

Verurteilt diese Blinden nicht, sondern sucht selbst herauszufinden, ob wir, die wir es zu wissen meinen, nicht selbst in hohem Maße blind sind. Ein Blinder kann nun mal nicht Ostern feiern, es sei denn, er tut es aus Tradition. Wie viele von uns schlafen jetzt noch in diesem großen Getsemani, das »Welt« heißt, mit seinen Milliarden Menschen, die hungern und unter Krankheiten leiden, die längst schon ausgerottet sein könnten, mit seinen Milliarden Verfolgten und Unterdrückten, mit seiner zunehmenden Gewalt, dem Vorboten eines neu aufkommenden Faschismus? Wie viele von uns versuchen ihre eigene Haut zu retten, indem sie ihr Ideal und ihren Mitmenschen aus Angst und Einschüchterung verleugnen, wenn eine Bande auszieht, um einen guten Menschen gefangenzunehmen? Ergreifen wir nicht auch die Flucht, wenn diejenigen, die uns geformt haben, weggehen oder auf andere Weise für uns wegfallen und wir selbst allein weiter müssen? Verstand man sie nicht, oder verleugnete man sein Ideal, weil man sich nicht geschützt fühlte? Verleugnen wir unser Menschsein in den Betrieben und außerhalb nicht oft dadurch, daß wir zulassen, daß ein Kollege ohne anständige Untersuchung bestraft wird, weil ein Zeuge falsch ausgesagt hat oder weil einfach ein Sündenbock gebraucht wird? Wie stehen wir demjenigen gegenüber, der sich treu seinem »Vater«, dessen Sohn er sich nennt, für einen Kollegen einsetzt, der Opfer eines Scheinprozesses geworden ist? Sagen wir dann, auch wenn ihn das ausliefert: »Ich kenne ihn nicht« – getrieben von der Angst, etwas rein Materielles zu verlieren? Durch diese Angst sowie durch unser mangelndes Interesse, unsere Habsucht usw. sind viele gute Menschen unter uns zu Opfern solcher Gewalten geworden, und wir müssen uns dies wegen unseres Mangels an Solidarität mit allen Notleidenden gefallen lassen. Durch unseren Zwiespalt spielen wir diesen Mächten in die Hände, und wir verleugnen selbst, ein Sohn des »Vaters« zu sein, also ein Mensch zu sein.

KAPITEL XV

»Wir wissen alles genau und bleiben doch lieber blind«

Pilatus wandte sich von neuem an die Volksmenge und fragte: »Was soll ich dann mit dem tun, den ihr den König der Juden nennt?«

Da schrien sie: »Kreuzige ihn!«

Pilatus entgegnete: »Was hat er denn für ein Verbrechen begangen?«

Sie schrien noch lauter: »Kreuzige ihn!«

Darauf ließ Pilatus, um die Menge zufriedenzustellen, Barabbas frei und gab den Befehl, Jesus zu geißeln und zu kreuzigen.

(Markus 15,12–15)

Weil sie wissen, daß ein weltliches Gericht das Todesurteil, das sie im Synedrium wegen Gotteslästerung über Jesus verhängt haben, nicht bestätigen würde, fügen sie eine Beschuldigung hinzu, die in einem besetzten Land als Auflehnung gewertet wird: Jesus nenne sich »König der Juden«. In einem besetzten Land bedeutet das, daß man Widerstand gegen die Staatsgewalt angestiftet bzw. angeführt hat und die Staatsgewalt als ungesetzlich erklärt.

Als Pilatus Jesus die Frage stellt: »Bist du der König der Juden?«, bekommt er als knappe Anwort: »*Du sagst es, nicht ich.*«

Sonst antwortet er auf keine einzige Frage mehr. Die einzige Antwort, die er gibt, enthält genügend Beweise für seine Unschuld: Andere sagen das über mich, also ist dieser Prozeß nur ein großer Scheinprozeß. Viele Prozesse gegen Leute, die Widerstand leisten, sind das auch heute noch.

Pilatus weiß, was die wahren Beweggründe derjenigen sind, die ihn vor Gericht geschleppt haben, nämlich blinder Haß, Habsucht, ungerechtfertigte Machtbegierde. Er ist sich auch bewußt, daß sie ihn beim Kaiser anklagen werden, wenn er rechtmäßig urteilt: Er würde sich ja weigern, einen politischen Verbrecher zu verurteilen. Dieses Risiko kann und will Pilatus nicht eingehen, und er führt, von der Angst getrieben, ein Schauspiel auf. Das unwissende und aufgewiegelte Volk darf wählen, wem er zum großen Fest Amnestie gewähren soll: Barabbas, einem Mann, der tatsächlich im Widerstand war und einen Mord begangen hatte, oder Jesus, dem er nichts zur Last legen kann.

Erstaunt ist er dann, als das durch Demagogen aufgehetzte Volk ruft: »Laß Barabbas frei und kreuzige Jesus!« Pilatus wird in die Knie gezwungen und liefert Jesus an seine Henker aus. Der Verrat triumphiert.

Nach vielen Stunden der Verspottung und schweren Mißhandlungen macht man sich mit ihm auf den Weg nach Golgotha, um ihn hinzurichten. Aus Angst, er könne vorzeitig seinen Verletzungen erliegen, zwingt man einen Mann, der von der Arbeit kommt, ihm zu helfen, das Kreuz zu tragen. Wie mag dieser Mann sich wohl gefühlt haben?

Als Jesus schließlich am Kreuz hängt und unbeschreibbare Qualen erleidet, muß er mitansehen, wie die römischen Soldaten kaltblütig seinen Besitz untereinander aufteilen. Er wird Zeuge der grenzenlosen Blindheit um sich herum – eine Blindheit, die nicht durch Haß verursacht wird, sondern durch Angst und Unwissenheit. Sie wissen nicht, was sie tun. Sie sind enttäuscht, daß er, der so viele Wunder unter ihnen vollbracht hat, indem er einfach denen diente, die unter Leiden gebückt gingen, unterdrückt und ausgebeutet wurden, jetzt keinen einzigen Versuch unternimmt, etwas für sich selbst zu tun. Seine Klage: »Vater, Vater, warum hast du mich verlassen?« wird so als Zeichen der Ohnmacht und des Betruges ausgelegt.

Wie oft wurde dieses Drama später und auch heute bei uns wiederholt? Wie viele Kollegen, die an Krebs erkrankt sind, haben wir aus unserer Mitte verstoßen, weil sie unser Gefühl der Sicherheit, unser blindes Vertrauen antasten, wenn sie versuchen, unsere Blindheit gerade aufzuheben? Wie viele Menschen werden durch unseren Wettbewerbs- und Leistungsdrang ruiniert, wobei wir nur helfen, ihren Kreuzweg zu lindern, wenn wir dazu gezwungen werden? Wie viele Leiden, wieviel Hunger und Gebrechen gibt es wegen unseres Wohlstandes? Wir wissen es genau, bleiben dennoch lieber blind. Wie viele Menschen, die Widerstand leisten, wurden damals und werden noch heute verraten aus Angst, aus blinder Neutralität und werden so von uns gekreuzigt? Wieviel Gutes machen wir selbst unmöglich dadurch, daß wir nicht erkennen, daß er für alle Menschen starb, denn dadurch schließen wir sie aus. Wir behalten das Gute für uns allein und machen aus Jesus einen Unbekannten.

Wenn Jesus dann nach vielen Stunden seinen unvorstellbaren Leiden erliegt, wird es dunkel. Die Dunkelheit, in die er nach vielen Jahrhunderten Licht hatte bringen wollen, fällt wieder auf sie nieder. Der Vorhang, hinter dem im Tempel jahrhundertelang Heuchelei und dunkle Praktiken verborgen wurden, zerreist in zwei Teile. Der Herr verläßt sein Haus; er ist nicht mehr ihr Gefangener.

Und doch werden einigen unter den Anwesenden die Augen geöffnet. Der Hauptmann, ein Römer, ein Mann, der von Berufs wegen viele Menschen hat sterben sehen, erkennt die Wahrheit und sagt: »Nein, so wie er starb, stirbt kein Verbrecher! Das ist wirklich der Sohn Gottes.«

Auch Josef von Arimathäa, selbst Mitglied des Hohen Rates, ein Mensch, der wirklich Gott zu dienen versucht, sieht jetzt erst, wer Jesus ist, und schreitet zur Tat. Er fragt Pilatus, ob er den Leichnam abnehmen darf. Um ihn beizusetzen, stiftet er das Leinentuch, das gebraucht wird, um ihn einzuwickeln, und legt ihn in sein Grab. Auch die Frauen, die ihn schon jahrelang gepflegt haben und bis zuletzt versorgt haben, wissen es.

Alle wissen, auch wir, daß durch dieses und ähnliche Dramen der Weg zum einzigen echten Frieden immer wieder verschüttet wird. Wir können nur über den Scheinfrieden reden, für den wir alle zwei Minuten 50 Millionen Dollar zur Herstellung schrecklicher Vernichtungswaffen ausgeben. Die Ernte besteht aus einem wachsenden Gefühl der Unsicherheit, aus Angst und Desinteresse, für die wir uns die Schuld selbst zuzuschreiben haben, ist es doch ungerecht, den Juden allein die Schuld für dieses Drama zuzuschieben. Wir sind alle schuld daran; dabei sind wir aber so brutal, Gott die Schuld zu geben.

In Gottes Namen verfolgen sich Christen gegenseitig, und zusammen verfolgen sie Sozialisten und Kommunisten, weil sie uns immer wieder darauf hinweisen, was wir versäumt haben.

Wir sorgen uns heuchlerisch um die Christen, die sich mit Jesus und in seinem Namen auf den Weg machen, um Frieden und Gerechtigkeit ein Stückchen näherzubringen. Eigentlich machen wir wieder einen Gefangenen aus ihm, wenn wir ihn für uns vereinnahmen und nicht für alle. Wir finden es nicht einmal eigenartig, wenn das Volk, das so unter Hitler gelitten hat, selbst Waffen an einen anderen Hitler, an Amin oder Somoza, lieferte und dadurch viele kreuzigt, die ihr Leben für Gerechtigkeit, Frieden und Menschlichkeit einsetzen.

Es ist zu hoffen, daß wir wie der Hauptmann, Josef und die Frauen unsere Blindheit überwinden und Konsequenzen daraus ziehen.

KAPITEL XVI

»Derjenige lebt, der die Steine aus dem Weg rollt«

Als der Sabbat vorüber war, kauften Maria aus Magdala, Maria, die Mutter des Jakobus, und Salome wohlriechende Öle, um damit zum Grab zu gehen und Jesus zu salben.

Am ersten Tag der Woche kamen sie in aller Frühe zum Grab, als eben die Sonne aufging.

Sie sagten zueinander: »Wer könnte uns den Stein vom Eingang des Grabes wegwälzen?«

Doch als sie hinblickten, sahen sie, daß der Stein schon weggewälzt war.

(Markus 16,1−4)

In diesem letzten Kapitel seines Evangeliums erzählt Markus Dinge, die man einfach glauben muß, wenn man sie so liest, wie sie da stehen. Ein echter Christ wird auch daran glauben. Doch Markus, und nicht nur er, erzählt noch viel mehr. Indem er Bilder seiner Zeit benutzt, erklärt er den Zweck des Leidens und zeigt einen Lebenssinn, den man gerade dann erwarten kann, wenn das Leben, das sich seinem Ende zuneigt, im Dienst am Menschen gestanden hat. Man hat seine Spuren hinterlassen — trotz begangener Irrtümer und Fehler. Wir sind keine Heiligen, sondern Menschen, die unterwegs sind.

Nach dem Fest, auf dem der Haß der Mächtigen siegte und die Emotionen durch einen gefährlichen Widersacher beruhigt wurden, weil er Jesus mundtot gemacht hat, machen sich einige Frauen auf den Weg, um ihn einzubalsamieren, ihn von ihrer Liebe zu überzeugen, ihn vorm Verderben zu retten und ihn so bei sich behalten zu können.

Aber da gibt es ein Problem. Wer wird ihnen den schweren Stein vor dem Grab wegrollen? Allein können sie das nicht. Als sie aber zum Grab kommen, sehen sie, daß sein Leichnam nicht mehr da ist. Sie erschrecken und können es nicht begreifen.

Was fängt man nun heute mit einer solchen Geschichte an? Man könnte sie zum Beispiel so deuten: Er, der vor dem Synedrium bekannte, Gottes Sohn zu sein, hat keine Salbe nötig. Er wird und kann nicht verwesen. Außerdem hat er zu Pilatus gesagt: Mein Reich ist nicht von dieser Welt, es ist ein ewiges Reich. Auch deshalb kann und darf sein Leichnam nicht verwesen.

Es würde den Tod, den er, wie er sagt, überwunden hat, zu einer Lüge machen. War er nicht als Gottes Sohn Mensch geworden, um uns den Weg zur Befreiung zu zeigen, indem er das Böse, das der Befreiung im Wege steht, bewußtmacht?

Eine solche Erklärung von Markus und anderen hätte keine 2000 Jahre überlebt. Meiner Meinung nach sagt Markus eher, daß der Mensch, der — wie Jesus — sein ganzes Leben in den Dienst des Leidenden stellt, keine Salbe braucht, um später als Mumie, als Sehenswürdigkeit unter uns anwesend zu sein. Denn wer an ihn glaubt und ernsthaft versucht, ihm nachzufolgen, wird erfahren, daß er lebt, weil er die Steine, die ihm in allen möglichen Strukturen und Systemen von anderen in den Weg gelegt werden und aus seinem Leben ein Grab machen, wegrollt, solidarisch mit anderen, die auch darunter leiden. Man wird nun anerkennen müssen, daß sein Weg auch der Unsrige ist. Die Gewalt wird genau von derselben Seite kommen wie bei ihm. Aber man spürt, daß man lebt und am Leben bleibt.

Wer sich für Geschichte interessiert, begegnet immer wieder Menschen, die — mal durch kirchliche Obrigkeiten, mal durch weltliche Machthaber wegen ihres Widerstandes gegen ungerechte und entfremdende Strukturen — ermordet, mißhandelt und getötet werden. Und siehe, so wie Jesus leben sie weiter und inspirieren heute noch viele andere Menschen. Die Namen ihrer Henker kennen wir noch als Scheltworte. Nur die Nachfolger derjenigen, die ihr Leben auf eine so grausame Weise für alle hingeben mußten, werden — wie die Jünger Jesu — zu wenig geachtet werden, als daß man sagen könnte: Er lebt, sein Werk geht weiter.

Sie waren noch zu sehr Mensch. Sie waren — wie wir — noch zu blind vor Angst und Einschüchterung, zu blind, um zu begreifen, daß der totale Einsatz für den Mitmenschen — inmitten von Leiden, Risiken und Unsicherheiten — Glauben an denjenigen bedeutet, der vorausging und sein Leben opferte. Sonst könnten sie und wir die Mächte und Kräfte nie sehen und demaskieren, die unser Leben bedrohen. Alles wäre tot — auch wir.

Heute leben wir auch wieder in einer Zeit, in der wir im Radio und im Fernsehen hören und in der Zeitung lesen, wie sich Menschen auflehnen und sich von monströsen Strukturen und Systemen befreien, die viele Opfer fordern. Sie geben ihr Leben dafür. Es gibt auch Menschen, die ihr Leben für eine noch größere Unterdrückung geben. Für sie ist die Ideologie wichtiger als der Mensch; und sie verweigern die Zusammenarbeit mit anderen, die sich für die Befreiung einsetzen und erklären, Gott sei nicht mit allen, sondern mit ihnen allein. Sie bewirken so keine Befreiung, sondern Diktatur.

Markus aber geht weiter: Jesus erscheint seinen Jüngern und wirft ihnen ihren Unglauben vor. Einmal zeigt er dem ungläubigen Thomas seine Wunden und überzeugt ihn. Dann aber müssen sie ihr heiliges Häuschen verlassen, um zu handeln und zu verkündigen, was er während all den Jahren getan und verkündigt hat, ohne ihn weiter zu sehen, ohne daß er sichtbar bei ihnen ist. Und sie taten es!

Sie sprachen viele Sprachen und brachten in ihrem Glauben Dinge zustande, die von vielen als Wunder erfahren wurden. Und nach ihnen ging es weiter — wie auch heute noch — mit Menschen, die an das glauben, was sie tun.

Sie rütteln an der schweigenden Mehrheit, die nur abwartet, und an denen, die sie zu vernichten suchen. In der Kirche können wir Franz von Assisi nennen, der gegen die Pracht und den Pomp und gegen das prahlerische Leben in der Kirche kämpfte.

Ignatius von Loyola kämpfte gegen die Unwissenheit. Auch seine Nachfolger mußten kämpfen und gaben ihr Leben. Dom Hélder Câmara kämpft heute gegen die unrechtmäßige Behandlung der Arbeiter in seinem Land. Er lebt noch, aber sein Sekretär wurde erschossen. Luther kämpfte gegen den Kuhhandel mit Ablässen in der Kirche; viele seiner Nachfolger starben den Foltertod. Marx greift die Wirtschaftssysteme seiner Zeit an und beweist, daß es Alternativen gibt. Viele setzen sich für diese Alternativen ein und werden wieder Opfer. Sie alle handeln aus ihrem Glauben und lassen bewußt oder unbewußt den Herrn wiederauferstehen, indem sie dem Leidenden und Unterdrückten Dienste erweisen.

Deutlich hat Markus uns vom ersten bis zum letzten Kapitel gezeigt, wodurch und wie der Mensch sich von dem befreien kann, was ihn unterdrückt oder versklavt: durch Glauben, Einsatz und Dienst. Schweigen und Abwarten blockieren dies jedoch.

»Denn Gott hat uns nicht für die hinfälligen und vergänglichen Güter der Zeit geschaffen, sondern für die ewigen des Himmels, und er hat uns die Erde nicht als eigentlichen Wohnsitz, sondern als Ort der Verbannung angewiesen. Ob der Mensch an Reichtum und an anderen Dingen, die man Güter nennt, Überfluß habe oder Mangel leidet, darauf kommt es für die ewige Seligkeit nicht an.«

»Auch die göttlichen Gesetze verkünden das Besitzrecht, und zwar mit solchem Nachdrucke, daß sie sogar das Verlangen nach fremdem Gute streng verbieten: ›Du sollst nicht begehren deines Nächsten Weib, Haus, Acker, Knecht, Magd, Ochs, Esel und alles, was sein ist.‹«

»Man lehre die Arbeiter, die Kirche Gottes als allgemeine Mutter verehren und lieben, ihre Gebote befolgen und die göttlichen Gnadenmittel ihrer Sakramente, welche die Seele reinigen und das Gnadenleben erschließen, öfters empfangen.«

(aus: »Rerum novarum«, 1891:
Über die Arbeiterfrage; von Leo XIII.)

»Auf ein ewiges Leben, auf Vergeltung dort oben hoffen wir nicht, solange es hier unten nicht besser wird: daß es aber bald anders und besser werde, darauf hoffen wir, auf ein sorgenfreies, glückliches Leben und auf Gerechtigkeit für alle Menschen auf Erden.«

»Alle schmutzigen, zerrissenen Lumpen, alle verfaulten und zerbrochenen Möbel, alle stinkigen, verfallenen Wohnungen werden verbrannt und zerstört, und die Armen einstweilen in die öffentlichen Gebäude oder bei den Reichen einquartiert, desgleichen vom Überfluß der vorrätigen, neuen Kleider gekleidet.«

»Das ist eine gute Manier, mit der christlichen Gemeinschaft eine Komödie zu spielen und seinen armen Christenbrüdern den Schein des Liebesmahles anstatt der Wirklichkeit desselben zu geben.«

(Wilhelm Weitling, 1808–1871)

Religion — nur »das Gemüt einer herzlosen Welt«?

Die Religionskritik von Karl Marx und der religiöse Frühsozialismus des Arbeiters Wilhelm Weitling

Nachwort von Rolf Bauerdick

Schon oft wurde der christlichen Religion von intellektuellen und politischen Aufklärern der Totenschein ausgestellt. Keiner von ihnen hat jedoch mit seiner Religionskritik derart tiefe Spuren in der Geschichte hinterlassen wie Karl Marx. Marx traf und zerstörte mit seiner Kritik ein verzerrtes Spiegelbild des Christentums: eine Religion, an der der menschliche Freiheitsdrang zerbrach und in ein Jenseits reflektiert wurde. Durch diese Zerstörung wurde der Blick für die Geschichte frei und die Tür zu einer humaneren Zukunft ein Stück weit geöffnet. Doch ist mit der Marxschen Abrechnung mit einer heuchelnden und zynischen Erscheinungsform von Religion damit »die« Religion und »das« Christentum passé? Ist der christliche Glaube zwangsläufig eine Verarmung menschlicher Lebensmöglichkeiten, oder vermag er diese vielleicht auch zu eröffnen? Um einer Antwort etwas näher zu kommen, scheint es geboten, die Religionskritik von Marx auf ihre emanzipatorischen Impulse, aber auch auf ihre Grenzen hin zu lesen.

Marx identifizierte den »mystischen Nebelschleier« einer christlichen Religion, die zu nichts anderem dient, als das verelendete Proletariat im Reich der Ideen zu versöhnen, um dessen Emanzipationswillen im Keim zu ersticken. Doch er löste das »Wesen« des

Christentums dabei in eine Funktion auf. Marx enttarnte den allmächtigen Götzen des Bürgertums, der nichts ist als das Abbild des Kapitalfetisches. Doch dieser Götze und der christliche Gott fallen bei ihm zusammen. An ihn zu glauben heißt nichts anderes, als das Zwangsgesetz der gesellschaftlichen Ordnung der kapitalistischen Produktionsweise nicht durchschaut zu haben. Religion löst sich auf in der Analyse des Verhältnisses von Lohnarbeit und Kapital. Sie ist mystifizierte Anthropologie, und ihre Kritik gilt mit dieser Einsicht als beendet. Antireligiöse Propaganda erscheint Marx nicht sinnvoll. Es gilt vielmehr, der Religion ihren materiellen Nährboden zu entziehen. Denn als Reflex gesellschaftlicher Widersprüche stirbt sie mit dem Verschwinden eben jener Antagonismen, denen sie ihre Scheinexistenz verdankt.

Die Kritik der Religion ist jedoch keineswegs beendet. Vielmehr mehren sich die Anzeichen, daß das biblische Buch nicht zugeklappt und das Kapitel Religion noch längst nicht zu Ende geschrieben ist. Im Gegenteil. Die Religion ist es nicht mehr, die kritisiert und die entlarvt wird, sondern im Namen der Religion stehen Menschen auf, um das ihnen zugefügte Unrecht zu beseitigen: ökonomische Plünderung und Ausbeutung, politische Repression, Völkerverständigung mittels waffenstarrender Abschreckungssysteme und die Unterordnung der persönlichen Würde und Freiheit unter die zynische Logik von Macht und Ordnung. Nun hat auch Marx durchaus die Protestfunktion der Religion gesehen, doch als ein Hemmnis des sozialrevolutionären Kampfes und nicht als Motor befreienden Engagements. Historisch ist diese Analyse verständlich, entspricht sie doch einem Christentum, dessen kirchliche Repräsentanten angesichts der nackten Brutalität wildwüchsiger kapitalistischer Produktion das Privateigentum heilig sprachen, die Obrigkeit der Staatsmacht segneten und dem Proletariat Botmäßigkeit abnötigten. Noch fünfzig Jahre nach der Marxschen Abrechnung mit dem Christentum fand er Bestätigung in der Sozialenzyklika »Rerum novarum« (1891) des Papstes Leo XIII. Dort heißt es: »Die Kirche, als Vertreterin und Wahrerin der Religion, hat zunächst in den religiösen Wahrheiten und Gesetzen ein mächtiges Mittel, die Reichen und die Armen zu versöhnen und einander nahezubringen.« Es ist noch nicht allzulange her, daß die katholische Kirche mit diesem unheilvollen Sozialidealismus gebrochen hat. Erst die Enzyklika »Laborem exercens« verabschiedet die offenkundig ideologische Sicht früherer Sozialdoktrinen zugunsten eines utopischen Ideals einer befreiten und befreienden Arbeit. Ob sich das internationale Kapital allerdings an dieser Vision orientieren wird, da darf man wohl mehr als skeptisch sein.

Trotz alledem ist eine um ihre eigenen Pfründe besorgte und mit den weltlichen Machthabern liierte Kirche ebensowenig ein Argument gegen das Christentum, wie durch einen repressiven Stalinismus das Marxsche Lehrgebäude nicht zusammenfällt. Die christliche Religion erschöpft sich keineswegs im defätistischen Seufzer und stillen Protest – und schon gar nicht in billiger Vertröstung. Das führen uns die Theologien der Befreiung durch die Geschichte des Christentums hindurch vor Augen. Sie setzen Potentiale frei, die eben nicht vor den Blockaden der Heilsgeschichte haltmachen. Sie heben die fatale Trennung von Heils- und Weltgeschichte auf und wissen und kämpfen um die Möglichkeit eines besseren Lebens für die Armen dieser Erde. Auch heute noch – über hundert Jahre nach Karl Marx – regiert das Kapital und nicht ein humaner Sozialismus den Erdball. Nicht nur in der Dritten Welt, auch in den ökonomischen Zentren der USA und Europas ist man bisweilen frühkapitalistischen Verhältnissen näher als einer sozialistischen Gesellschaftsordnung. Ich meine, diesen Zustand einzig und allein den immergleichen Repressionen »von oben« zuzuschreiben mag ein gefälliges Erklärungsmuster sein, doch es dient bestenfalls dazu, jeden Keim von Freiheitssehnsucht geschichtspessimistisch zu ersticken.

Um heute das von Marx theoretisch geöffnete Tor zu einer menschlichen Zukunft auch praktisch zu durchschreiten, bedarf es einer umfassenden Allianz von Christen und Sozialisten. Diese Allianz, die der Hunger nach Gerechtigkeit zum Handeln treibt, steht heute noch immer vor einem historischen Graben. Es ist eine Kluft, die ihren Schatten noch vom letzten Jahrhundert bis in unsere Zeit hineinwirft: die Spaltung von Christentum und Befreiungskampf, die Trennung von Religion und Politik und das Zerwürfnis von Christen und Arbeiterschaft. Wenn diese Momente – etwa in der Befreiungstheologie – heute wieder zusammengedacht und gelebt werden, so können wir dennoch fragen, wieso für Marx zwischen ihnen ein unversöhnlicher Gegensatz bestand. Denn Marx hat diese Kluft nicht nur faktisch vorgefunden, er hat auch noch einmal kräftig mit seinem analytischen Schwert hineingeschlagen. Um diese Kluft von Wissenschaft und Religion, historischem Materialismus und christlichem Glauben und damit vor allem von Vernunft und Herz zu verstehen und zu überwinden, müssen wir – so meine ich – noch einmal auf den geschichtlichen Ort zurückblicken, der diese Spaltung hervorrief. Man kann diese Trennung natürlich auf eine Nötigung durch historische Dringlichkeiten zurückführen, die eine korrumpierte Kirche einerseits und die Notwendigkeit einer proletarischen Revolution andererseits der Geschichte diktiert hat. Doch steckt nicht in einer solchen Erklärung die Gefahr, daß man sich diesem Diktat beugt, indem man sich die Formen des Kampfes von seinem Gegner vorschreiben läßt? Es geht um die fundamentale Frage bezüglich der Art und Weise, sich in seinem Handeln leiten zu lassen. Richtet sich das Tun nur danach aus, was erforderlich ist, einen Gegner zu beseitigen? Das wäre ein Kampf *gegen* etwas, gegen das Kapital, den Staat oder die Kirche. Oder werden die Kräfte *für* etwas mobilisiert, für eine gerechte Gesellschaftsordnung, für Freiheit und einen humanen Sozialismus? Letztere Möglichkeit hat den unschätzbaren Vorteil, daß sie diejenigen zur Gemeinschaft führt, die das gleiche Ziel haben. Ihre geballte Kraft ist ungleich machtvoller und damit auch bedrohlicher für die Institutionen der Macht als eine Solidarität, die nur über die Einigkeit darüber zustande kommt, was man abzuschaffen gedenkt. Endlose Theorie- und Strategiedebatten zersplitterter sozialistischer Kadergrüppchen dokumentieren nicht nur die Unfruchtbarkeit eines solchen »Kampfes«, sondern »verraten« auch jene Marxisten, denen der Sozialismus eine Sache des Herzens ist.

Die biblischen und christlichen Traditionen der Befreiung bieten dazu eine Alternative. Das haben religiöse Kommunisten des Frühsozialismus ebenso erkannt wie religiöse Sozialisten an den Randzonen der sozialdemokratischen Arbeiterbewegung. Zwischen ihnen und dem historischen Materialismus bestand vor allem im letzten Jahrhundert eine unglückliche Beziehung. Ich möchte im folgenden skizzenhaft einige Momente dieses Verhältnisses beleuchten als einer Geschichte, die die Möglichkeit eines gemeinschaftlichen Lernprozesses weitestgehend ungenutzt ließ. Es ist eine Geschichte der gegenseitigen Verweigerung: Von seiten der Kirchen – auch in ihren progressiven Sektoren – vermauerte man sich den Zugang zu einer rationalen Erklärung des materiellen Elends der Arbeiterklasse; auf seiten des Materialismus mit seinem allzu klaren Wissen über den Weg aus dem irdischen Jammertal verlor man mitunter die Menschen aus dem Blick, die diesem Weg folgen sollten. Keine Beziehung enthüllt diesen Konflikt offenkundiger als die zwischen Karl Marx und dem frühsozialistischen Arbeiterführer Wilhelm Weitling.

Weitling – nach Ernst Bloch »die früheste proletarische Stimme Deutschlands« – war ein religiös-kommunistischer Utopist, jedoch keiner der naiv-sentimentalen Couleur. Er war gewiß ein Schwärmer und Idealist, doch er machte sich keine Illusionen, sein Traum von einer Gesellschaft der »Harmonie und Freiheit« sei über die Versöhnung von Kapital und Arbeit zu verwirklichen: »Mißtrauen wir den mittels Kapitalien berechneten Reformen sowie den Geldmännern, von beiden haben wir das Vollkommene nicht zu erwarten ...« Weitling war keiner von jenen begnadeten Gedankenarchitekten, dessen geistiges Gebäude die Geschichte überdauert hat. Das Echo seiner Stimme ist längst verhallt; er ist – wie man sagt – »überwunden worden« und nur noch von rein historischem Interesse. Der 1808 in Magdeburg geborene uneheliche Sohn einer deutschen Magd und eines französischen Offiziers gab, so Bloch, »nicht das reichste, wohl aber das sehnsüchtigste, wärmste Bild einer neuen Zeit«, dessen »Luftschloß besonders humane Maße« hatte.

Weitling führte ein bewegtes Leben. Der gelernte Damenschneider verließ 1827 Preußen und wanderte nach Hamburg, um dem Soldatendienst zu entgehen.

In seinem proletarischen Engagement fand er Gleichgesinnte in Paris, wo er sich 1835 dem »Bund der Geächteten« anschloß, von dem sich der etwas schwärmerische Geheimbund der Gerechten abspaltete. Dort, wie auch in den von Weitling seit 1841 gegründeten kommunistischen Arbeitervereinen in der Schweiz, galten strenge moralische Maßstäbe und Aufnahmekriterien wie Charakterstärke, Mut und Opferbereitschaft. Der kommunistische Agitator philosophierte über die »Menschheit, wie sie ist und wie sie sein sollte« (1838), spekulierte in seinem Hauptwerk über die »Garantien der Harmonie und Freiheit« (1842) und bezog sich in dem »Evangelium eines armen Sünders« (1843) auf Jesus von Nazareth – für Weitling das Urbild eines kommunistischen Menschen.

Weitling schrieb an die Arbeiter: »Wenn auch die Deutungen und Auslegungen der Pfaffen und Vorrechtler jeden Funken Liebe für das kirchliche Evangelium in eurer Brust ausgelöscht haben, so weiset doch dieses nicht verächtlich zurück; es ist von keinem Heiligen, keinem Pfaffen, keinem Frommen oder Tugendhaften, sondern von einem Sünder.« Weitlings Jesusdeutung brachte ihm Scherereien ein. Seine politische Anklage gegen Eigentum, Geld, Erbschaft und Strafsysteme und seine Bekenntnisse zu Freiheit, Gleichheit und Gemeinschaft, belegt mit ausgesuchten Bibelzitaten, führten zu seiner Verbannung aus der Schweiz und zu einjähriger preußischer Kerkerhaft. Weitlings Vergehen: Anstiftung zum Verbrechen gegen das Eigentum, Anleitung zu Aufruhr, Gotteslästerung und Religionszerstörung.

Spätestens seit der Märzrevolution 1848 hatte Weitling seine wichtige Rolle in der proletarischen Arbeiterbewegung verloren. Nach Aufenthalten in Brüssel, London und Hamburg sowie Experimenten mit kommunistischen Siedlungen in den USA zog sich Weitling immer mehr aus der Politik zurück. In den Biographien über ihn ist man sich einig. Da heißt es: Er »spielte keine bedeutende Rolle mehr«; er »erlitt Schiffbruch« und lebte bis zu seinem Tode am 27. Januar 1871 in New York »auf bescheidenem Posten«.

Weitling war ein Arbeiter, der die Bibel entdeckte. Sie spielte eine große Rolle in seinem Traum vom »großen Familienbund der Menschheit«, der für ihn nur über »den Sturz der alten Gesellschaft« zu erlangen war. Weitling lebte für diesen Traum. Deshalb prallte er auf die geistlichen und weltlichen Institutionen. Sein religiöser Kommunismus traf jedoch nicht nur auf den Zynismus der Macht, sondern auch auf einen unerbittlichen »wissenschaftlichen Sozialismus«. Bemerkenswert ist, daß Marx 1842, also zu Zeiten, als der »wissenschaftliche Sozialismus« noch in den Kinderschuhen steckte, mit hoher Achtung von Weitling sprach. Er nannte dessen »Garantien der Harmonie und Freiheit« ein »maßloses und brillantes literarisches Debüt der deutschen Arbeiter« ganz im Gegensatz zu der »kleinlauten Mittelmäßigkeit der deutschen politischen Literatur«. Auch Friedrich Engels lobte Weitling als Herausgeber der Zeitschrift »Die Junge Generation« zum Zwecke proletarischer Agitation in der Schweiz: »Obwohl ausschließlich für Arbeiter und von einem Arbeiter geschrieben, ist dieses Blatt von Anfang an besser als die meisten französischen kommunistischen Publikationen gewesen. ... Man merkt ihm an, daß sein Herausgeber sehr schwer gearbeitet haben muß, um sich das historische und politische Wissen anzueignen, ohne das ein Publizist nun einmal nicht auskommt und das eine mangelhafte Bildung ihm vorenthalten hatte.«

1846 in Brüssel kam es zwischen Weitling und Marx

zum völligen Bruch. Zwischen dem Weitlingschen Gleichheitskommunismus »der edlen Gefühle des Herzens« und den wissenschaftlichen Doktrinen von Karl Marx war keine Gemeinsamkeit möglich. Der Grund dafür wird gemeinhin im Theoriemangel und der praktisch-politischen Funktion des religiösen Sozialismus gesehen. Doch anstatt in einem gemeinsamen Kampf mit einem gemeinsamen Gegner die Karten untereinander auszutauschen, wurden sie gegeneinander ausgespielt. Und die des Gesellschaftsanalytikers Dr. Marx waren besser als die des Arbeiters Weitling. Peter Annenkov erinnert sich des entscheidenden Gesprächs zwischen beiden, das Friedrich Engels mit dem Hinweis auf die Notwendigkeit einleitete, eine gemeinsame Lehre zur Veränderung der Lage der Arbeiter zu entwickeln. Die erste Frage von Marx an Weitling zitiert Annenkov wörtlich: »Sage uns, Weitling, der Ihr mit Euren kommunistischen Predigten so viel Lärm in Deutschland angerichtet habt, so viele Arbeiter an Euch gezogen habt und Ihnen Arbeit und Brot geraubt habt, mit welchen Gründen rechtfertigt Ihr Eure soziale Tätigkeit und worauf wollt Ihr sie in Zukunft bauen?« So konstruktiv eine solche Frage für eine geschlossene Strategie der Arbeiterbewegung hätte genutzt werden können, so destruktiv war sie in ihrem inquisitorischen Gestus. Weitling antwortete, wie Annenkov berichtet, verwirrt und drückte sich sprachlich schlecht aus. Er wolle »die Augen der Arbeiter für die Schrecken ihrer Situation und für alle Ungerechtigkeiten öffnen, die die Herrscher und die Gesellschaft über sie ausübten, und er wolle sie lehren, nicht mehr den Versprechungen der Letztgenannten zu glauben, sondern statt dessen nur sich selbst zu vertrauen und sich in demokratischen und kommunistischen Vereinen zu organisieren.« Annenkov gibt die —

wie er sagt – »sarkastische Antwort« von Marx wieder: »Phantastische Erwartungen dieser Art zu wecken, ... führe nur zu einer definitiven Katastrophe, nicht aber zur Erlösung der Leidenden. Arbeiter ohne die Stütze strikter, wissenschaftlicher Ideen oder konstruktiver Lehren zum Kampf zu ermahnen, wäre in Deutschland vor allem dasselbe wie ein eitles und unehrliches Predigen, das auf dem Prinzip eines inspirierten Propheten einerseits und gähnender Esel andererseits aufbaute.« Marx schlug abschließend auf den Tisch mit den Worten: »Unkenntnis hat noch nie einem Menschen helfen können!« Marx verließ den Raum und nahm sein Wissen mit. Zurück blieb ein »Herzenssozialismus«, der für Weitling alles andere war als »liebesschwüler Gemütsstau« oder »Liebesdusel« und »Liebessabbelei«. Zurück blieb Weitlings Traum, von dem Ernst Bloch meint, das er »mit viel Bitterkeit und Reinheit in ein gelobtes Land geblickt (hat), als Marx und Engels gerade begonnen hatten, die wirklichen Zugänge dahin zu entdecken und zu eröffnen«. Doch – und ich denke, das darf man aus dem historischen Abstand heraus sagen – sind die Menschen offensichtlich nicht bereit, an der Schwelle dieses Zugangs ihre Religiosität abzulegen.

Partei für Weitling zu ergreifen – ohne das Verständnis für Marx zu verlieren – heißt nicht, von den Zinnen seiner Luftschlösser herab rationalistische Angreifer abzuwehren. Es heißt lediglich, einem aufrichtigen Menschen und Sozialrevolutionär mit der gebührenden Achtung zu begegnen. Der Wert eines Menschen bemißt sich nicht an seiner analytischen Differenziertheit und seinem revolutionären Gebrauchswert. Weitling eröffnet uns eine Haltung, die gerade heute die Gemeinschaft von vielen Christen und Marxisten stiftet. Deshalb ist er nicht »überwunden«.

Helmut Rolfes macht in seiner Studie »Jesus und das Proletariat« darauf aufmerksam. Nach Rolfes kann man die Position von Weitling gegenüber Marx »durchaus als Ausdruck eines Bewußtseins der Arbeiterklasse begreifen, die noch nicht die richtige Einsicht in die notwendigen ökonomischen und gesellschaftlichen Prozesse hat«. Doch das ist nicht alles. Denn der christliche Glaube mobilisiert für Weitling moralische Potenzen des Menschen, die — so Rolfes — »nicht einfach mit wissenschaftlichen Analysen zu durchschauen bzw. auf sozioökonomische Strukturen rückführbar sind«. Für Weitling — und das hat der Theologe Rolfes in ihm gesehen — ist die Verwirklichung des Kommunismus sowohl eine Sache der Veränderung von Gesellschaftsstrukturen und — worauf Weitling besonderen Wert legt — eine »Sache des Herzens«, die zum Handeln treibt und der politischen Praxis erst die entscheidende Richtung gibt.

Dieser »Richtung des Herzens« zu folgen verhindert, daß aus einem »wissenschaftlichen Sozialismus« ein zynischer »Wissenssozialismus« wird — ein Zynismus, der den Menschen noch einmal das antut, was das Kapital sowieso schon bewerkstelligt: die Erniedrigung des Menschen zum bloßen Funktionsträger im ökonomischen Prozeß von Kaufen und Verkaufen. Ist nicht auch Marx dieser Gefahr, aus welchen Gründen auch immer, erlegen, als er in Weitling nur einen solchen Funktionsträger erkannte? »Der utopische Dünkel Weitlings war nicht mehr zu kurieren, und so blieb nichts übrig, als der Entwicklung des Proletariats diesen Hemmschuh aus dem Weg zu räumen.«

Auf die unselige Tradition eines »Wissenssozialismus« hat Erhard Lucas, Professor für die Geschichte der sozialen Bewegungen in Oldenburg, aufmerksam gemacht. Mit einem hohen Maß an Empathie für die realen Konflikte und Nöte der Arbeiter fragt er: »Wenn der Inhalt des Sozialismus nicht mehr mit Liebe und Glaube umschrieben werden kann, ... wie dann? Der Sozialist ist (dann) in erster Linie ein Wissender.« Nun gibt es natürlich ebensowenig »den« Sozialisten wie »den« Christen oder »die« Religion oder »den« Marxismus. Wenn allerdings aus der intellektuellen Fähigkeit, die polit-ökonomischen Bewegungsgesetze des Kapitalismus »erklären« zu können, eine besserwisserische Art »aufgeklärten« Bewußtseins abgeleitet wird, dann schlägt der Marxismus in der Tat in einen Wissenszynismus um. Die Wahrheit in der Tasche, gilt es dann nur noch, den anderen zu agitieren. Diese Aufklärer verändern nichts, am wenigsten sich selbst. Sie funktionalisieren und mißbrauchen ihre Überzeugungen — wie Lucas sagt — »als Mittel der Belehrung und damit als Herrschaftsinstrument gegen die (angeblich) Unwissenden«. Wer den Sozialismus zu einer reinen Frage einer herzlosen, aber um so mehr »objektiven« Wissenschaft erhebt, der hat allerdings auch seinen Profit. Er braucht sich angesichts seines Glaubens an seine Idee vor deren Größe nie sein eigenes Scheitern eingestehen. Denn immer werden sich sogenannte »objektive« Gründe finden lassen, warum der Sozialismus hier und heute noch nicht so weit ist.

Wissensmißbrauch ist jedoch keine spezifische Gefahr nur des Marxismus. Wissensmißbrauch liegt dann vor, wenn Glaubens-, Weltanschauungs- oder auch wissenschaftliche Denksysteme und -praktiken ihre relative Wahrheit absolut setzen. Der Preis dafür ist eine Entkoppelung des »Wissens« von den »Wissenden«. Die folgen dann entweder blind ihren Überzeugungen oder hinken ihnen hoffnungslos hinterher. Eine solche, im Grunde totalitäre und »herz«lose Praxis schließt ein solcher Marxismus aus, der in seinem

Selbstverständnis als praktischer Materialismus von der Liebe zum anderen getragen ist. Nur dieser Weg führt in die Freiheit. Vielleicht haben die großen Sozialisten und Sozialistinnen gerade deshalb einen so tiefen Eindruck in der Geschichte hinterlassen, weil ihr Wissen und ihr Herz sie an jene Orte geführt hat, wo diese Freiheit zerstört wird, für die es sich zu leben und zu kämpfen lohnt.

Von einem solchen Leben erzählt die Bibel. Im Leben Jesu hat sich die Freiheit Gottes geoffenbart, die in die Geschichte der Freiheit hineinführt. Deshalb ist die messianische Botschaft so machtvoll in den Händen und Herzen derer, denen sie verkündet ist. Kein Wunder, das die Herrscher der Welt sie den Hungernden und Weinenden, den Verachteten und Ausgestoßenen immer entrissen haben und sei es dadurch, daß sie den Unterdrückten die Lesart der Macht aufnötigten.

Jaap Tuk hat sich von dieser Lesart »von oben« befreit. Ebensowenig kümmert ihn die Detailbesessenheit und die philosophische Akribie so mancher Wissenschaftsexegeten (von denen er übrigens nicht ohne Achtung spricht). Tuks Gedanken zum Markus-Evangelium wurzeln in einer politischen Lektüre des Herzens, die mir sehr nah an dem zu sein scheint, was den Kern der christlichen Botschaft ausmacht. Sie sind parteiisch, aber nicht unversöhnlich; voll entschiedener Entschlossenheit, doch ohne penetrante Besserwisserei; mutig und zuversichtlich und zugleich illusionslos. In Jaap Tuks Lektüre bleibt die Kraft der biblischen Botschaft erhalten, ganz im Gegensatz zu so vielen Fachtheologen, bei denen nichts von dem zu spüren ist, wovon sie reden. Sie sind der Wahrheit des Evangeliums fern, weil sie in ihren Begriffen und Erklärungen das töten, was sie trotz vielfacher Versicherungen bewirken wollen: beherztes Handeln.

Die Wahrheit der Bibel erschließt sich im Tun, wenn aus Liebe Brüderlichkeit und Gemeinschaft wächst. Dieses Tun macht nicht vor den Zwangsgesetzen der Geschichte halt, wie es die Mächtigen weismachen wollen. Es sprengt den Rahmen gesellschaftlicher Notwendigkeiten. Und mehr noch. Es verspricht dem Christen, daß niemand auf seinem langen Weg durch die Geschichte am Ende seines Lebens auf der Strecke bleibt. Deshalb ist die Bibel nicht durch das »Kapital« von Karl Marx zu ersetzen; doch sie wird dadurch reicher. Denn Marx öffnet die Augen dafür, das nicht der Gott der frohen Botschaft, sondern der Götze Kapital die Welt regiert, der nicht kampflos den Thron der Geschichte räumen wird.

Wer sich auf die materialistische Lektüre der Bibel einläßt, wird erstaunt sein, wie fesselnd und spannend biblische Texte sein können. Mit analytischem Scharfsinn und historischem Kenntnisreichtum eröffnet der Autor die reiche Erfahrungswelt biblischer Zeugnisse und ihre politische und soziale Sprengkraft in der Gegenwart. Wichtige Fragen, die bislang wenig Beachtung fanden, finden eine klare Antwort: Warum spricht Jesus ein so vernichtendes Urteil über den Tempel? Warum mußten die damaligen Machthaber einen so friedlichen Menschen wie Jesus mit Gewalt beseitigen?

Bisher mangelte es der materialistischen Bibellektüre an einer allgemeinverständlichen Einführung. Dieses großformatige Arbeitsbuch schließt diese Lücke.

Kuno Füssel
**Einführung in die materialistische Lektüre der Bibel
Ein Arbeitsbuch für Religionsunterricht, Theologiestudium und Pastoral**
ca. 160 S., kt., Din-A4-Format,
ca. DM 32,–,
ISBN 3-923792-20-4
Erscheint Dez. 1986

Der Autor erläutert Ansatz und Methode der materialistischen Bibellektüre, liefert Beispiele der Textauslegung und gibt historische Materialien, Quellen- und Kontrasttexte zur Hand. Unterrichtsentwürfe von Harmut Futterlieb vervollständigen diese wertvolle Arbeitshilfe für Selbststudium, Schule und Pastoral.

Seine Erfahrungen in El Salvador, Guatemala, Honduras und Nicaragua in den Jahren 1980–1986 reflektiert Bernd Päschke aus der Sicht einer politischen Theologie der Solidarität. Katecheten, Priester, Flüchtlinge erzählen von ihrem Leben und Glauben angesichts der massiven Verletzung ihrer Menschenwürde und grausamster Repression. Der Autor zeigt zugleich in eindrucksvoller Weise, daß auch die westliche Welt in diese Unterdrückungsverhältnisse verstrickt ist und daß Mord und Folter in Zentralamerika nicht enden werden, wenn wir nicht bereit sind, in eine solidarische politische Praxis einzutreten.

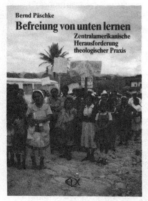

Bernd Päschke
Befreiung von unten lernen
Zentralamerikanische
Herausforderung
theologischer Praxis
336 S., mit vielen Fotos und Zeichnungen, kt., DM 19,80, ISBN 3-923792-01-8

Aus dem Inhalt:
Wir denken an die Kirchen in Deutschland – Umrisse einer Kirche des Volkes – Kirche und Konterrevolution – Flüchtlinge: Opfer militärischen Kalküls – Menschenrechte und Widerstand – Guazapa: Überleben auf verbrannter Erde – Dieses Volk erleidet heute seinen Karfreitag – Christologie und Solidarität – Gespräche in El Salvador, Nicaragua, Honduras und Guatemala.

Clodovis Boff u. a.
Theologie der Befreiung und Marxismus
Hrsg. von Peter Rottländer
192 S., kt., DM 24,50,
ISBN 3-923792-21-2

Im Brennpunkt der gegenwärtigen Auseinandersetzungen um die Theologie der Befreiung steht ihr Verhältnis zur marxistischen Weltanschauung. Kaum eine theologische und auch politische Kontroverse leidet jedoch unter derart massiven Fehleinschätzungen der befreiungstheologischen Positionen. Erstmals nehmen Befreiungstheologen zu dieser brisanten Problematik Stellung und nehmen eine Verhältnisbestimmung von Theologie und Marxismus vor, die nicht nur eine neue Perspektive in der Diskussion eröffnet, sondern auch für unsere Situation bedeutsam erscheint. J. B. Metz erläutert in einem Gespräch, wie sich die europäische politische Theologie der Herausforderung des Marxismus in produktiver Weise annimmt.

Manfred Hofmann
Bolivien und Nicaragua – Modelle einer Kirche im Aufbruch
ca. 300 S., kt., ca. DM 29,80,
ISBN 3-923792-22-0
Erscheint Dez. 1986

»Kontextuelle Theologien«, die den spezifischen Lebenswelten der Völker der Dritten Welt entspringen, klagen gegen die universalen europäischen Theologien aus Europa ihr geschichtliches Recht ein. Bolivien und Nicaragua stehen beispielhaft für eine historische Aufbruchsbewegung der Armen Lateinamerikas. Wer nur gelernt hat, die Welt mit europäischen Augen zu sehen und zu beurteilen, wird schwerlich verstehen, welche entscheidende Rolle der christliche Glaube und eine Kirche des Volkes in dieser geschichtlichen Umbruchsituation spielen. M. Hofmann hingegen ist bereit, die Menschen der Dritten Welt zu sehen und von ihnen zu lernen.

Joop Koopmans
**»Ein neues Volk
wird dich preisen«
Eine brasilianische
Basisgemeinde entsteht**
229 S. + 16 S. Farb- u.
s/w-Fotos, franz. Br., DM 28,–,
ISBN 3-923792-25-5

In 73 Briefen erzählt Joop Koopmans, wie in Itanhém/Brasilien das entsteht, was man später eine »Basisgemeinde« nennen wird.
Die Schilderungen Joops aus den Jahren 1969–1986 machen die Veränderungen in der Kirche Lateinamerikas begreifbar. Aus Joop, dem katholischen Geistlichen traditionellen Zuschnitts, wird – angesichts der Not und Ungerechtigkeit in Brasilien – der Pfarrer José. Er sucht die Gemeinschaft mit den kleinen Leuten, ergreift Partei und wird einer von ihnen. Mit der Basisgemeinde von Itanhém wachsen gewerkschaftliche und politische Organisationen. Doch die Reichen verteidigen ihre Privilegien: Gemeindemitglieder werden diffamiert, bedroht, ermordet. Die Geschichte einer Gemeinde wird zur Geschichte eines Volkes, das um ein Leben in Würde und Gerechtigkeit kämpft.

Franz J. Hinkelammert
**Die ideologischen
Waffen des Todes
Zur Metapysik
des Kapitalismus**
330 S., kt., DM 42,80,
ISBN 3-923792-10-7

»Nicht nur militärisch wird gerüstet. Auch das ideologische Waffenarsenal wächst beängstigend und schamlos an. . . . Auch in diesem nicht zu unterschätzenden Bereich findet der Krieg statt. Kaum jemand hat diese Vorgänge so zentral und mitreißend aufgegriffen wie der in Costa Rica lebende deutsche Ökonom und Theologe Franz J. Hinkelammert. Sein Buch stellt zweifelsohne einen theologischen Gesamtentwurf dar, die Grundlegung einer Theologie des Lebens für eine vom Tod bedrohte Welt.
Es verdient gelesen zu werden, zumindest von denen, die sich ökonomisch und theologisch mit dem Kapitalismus auseinanderzusetzen gezwungen sehen.« (Günter Reese in: Junge Kirche)

Hugo Assmann u. a.
Die Götzen der Unterdrückung und der befreiende Gott
Mit einem Nachwort von Georges Casalis
200 S., kt., DM 27,–
ISBN 3-923792-13-1

»Auf jedem Dollar ist zu lesen: ›In God we trust.‹ Viele reden von Gott, Liebe, Freiheit, Christus und der Bibel; wie können wir da Gott von den Götzen unterscheiden, zumal sich die Götzen ja heute nicht mehr heidnisch darstellen, sondern sich die gesamte religiöse Sprache und Tradition angeeignet haben?« (Dorothee Sölle)

»Dem Gott des Geldes gegenüber gibt es nur eine Tugend: die Demut, die die Unterordnung unter sein Gebot fordert. In der religiösen Sprache wird in diesem Buch entlarvt, was die Wirtschaftsteile der Presse nüchtern verschleiern: die Mentalität hinter den Verhältnissen.« (Deutsches Allgemeines Sonntagsblatt)

Georges Casalis u. a.
Bibel und Befreiung
Beiträge zu einer nichtidealistischen Bibellektüre
154 S., kt., DM 18,–
ISBN 3-923792-11-5

Die Autoren dieses Bandes brechen in ihrer Lektüre biblischer Texte mit dem fatalen Trugschluß, vor dem Gott und Christus der Bibel seien alle gleich, der Arme und der Reiche, der Unterdrücker und der Unterdrückte, der Henker und sein Opfer. Die Vertreter der nichtidealistischen Bibellektüre überwinden die theologische Unsitte, die Wahrheiten der Bibel überall und für jedermann ein für allemal verbindlich festzulegen. Sie lesen die Bibeltexte vielmehr an den Orten der konkreten gesellschaftlichen Existenz von Menschen, die gegen Ausbeutung und Unterdrückung in den Prozeß ihrer Befreiung eintreten.

Bitte fordern Sie unser Gesamtverzeichnis an:
edition liberación · Hafenweg 26 b · Postfach 1744 · D-4400 Münster